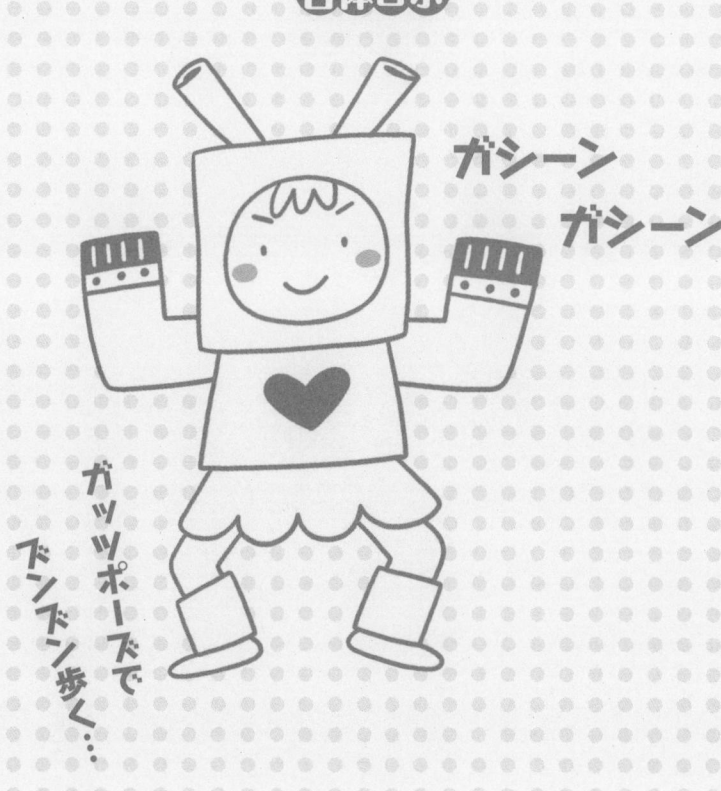

ヒーロー&ヒロイン ワンアイテムで変身！大集合 もくじ

| はじめに | 4 |

ワンアイテムで変身！

宇宙パトロール隊 アイテム	6
合体ロボアイテム	9
地球レンジャー アイテム	10
悪役を作ろう①	13
戦国 アイテム	14
悪の基地セットで遊ぼう！	18

プリンス＆プリンセス アイテム	20
妖精 アイテム	26
悪役を作ろう②	29
妖怪 アイテム	30
メルヘンの森セットで遊ぼう！	34

ジャングル アイテム	36
昆虫 アイテム	40
ジャングルセットで遊ぼう！	44
み〜んな なりきり写真館	46

作り方＆とっておきアイデア

製作 とっておきアイデア	50
収納 とっておきアイデア	54
アイテムの作り方	56

はじめに

子どもの頃、1枚の風呂敷をマントにしただけで、強い正義の味方に変身した気分になれました。アイテム1つで子どもたちの気分はもうヒーロー＆ヒロイン！　さらにアイテムを加えれば、かっこよさもパワーアップ。お誕生会や発表会にもおすすめです。

山本和子

時代劇あり、宇宙物あり、ありとあらゆるヒーロー＆ヒロインになれる1冊です。普段着にちょっとアイテムを加えるだけで、遊びの本気度が違ってきますよ！　想像力の入り口になるアイテムは、子どもたちの宝物になるかもしれませんね。

あさいかなえ

この本の特長

■ アイテムは想像力の引き出し！
身につけることで子どもの想像力を引き出し、新しい自分を発見できるきっかけに！

■ アイテムを自由に選択！
選ぶアイテムはどの1つでもOK！　数を増やすほど本気モードもアップします！

■ カラフルで楽しい紙面、遊びのアイデアも満載！
子どもが見ても楽しくて、自然にやる気になっちゃいます！

■ 手軽で簡単！　裏ワザも伝授！
アイテムは子どもでも手軽に作れるものがほとんどです。
製作のプロが、スピーディーにきれいに作る裏ワザを教えます！

■ 基本形をマスターするだけで！
基本形から、たくさんのパターンを作れるアイデア満載！

■ アイテムを収納するアイデア！
アイテムは日常の遊びに継続して使えます。そのための収納法もバッチリ！

わたしカナエンジャーが教えるわよ！

※アイテムの作り方を詳しく紹介しているページを　→　で表しています。

地球レンジャー アイテム

写真をはって、かっこいい
レンジャー証を作ろう！

地球レンジャーになって、
悪者をやっつけよう！

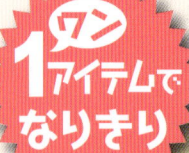

レンジャー証

わたしが地球を守る
レンジャーよ！

57ページ

エンブレム

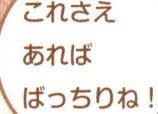

これさえ
あれば
ばっちりね！

戦国アイテム

簡単な頭飾りでタイムスリップ！
戦国戦士になって遊んじゃおう。

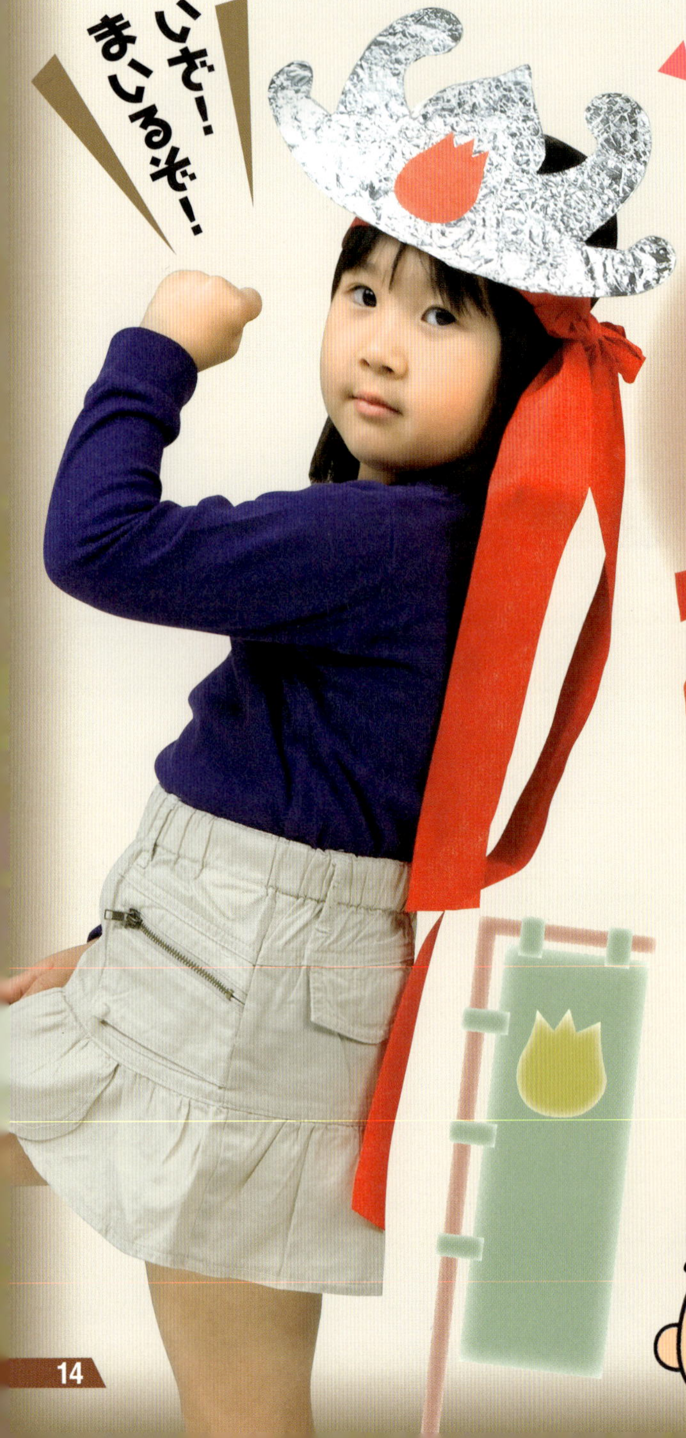

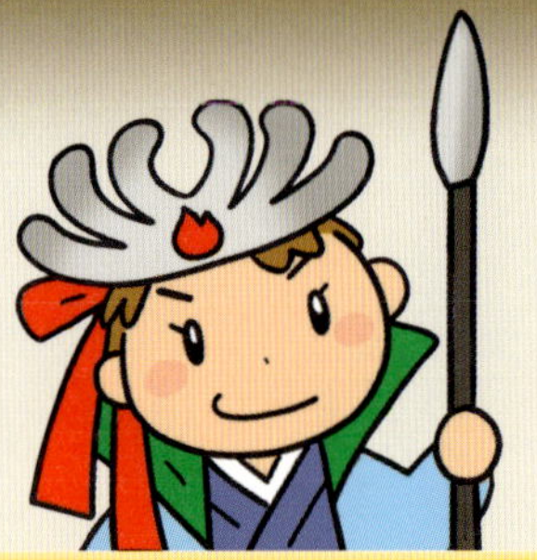

＜スーパー武将＞長いはちまきを
なびかせれば、気分は戦国時代！

いざ！まいるぞ！

1アイテムでなりきり

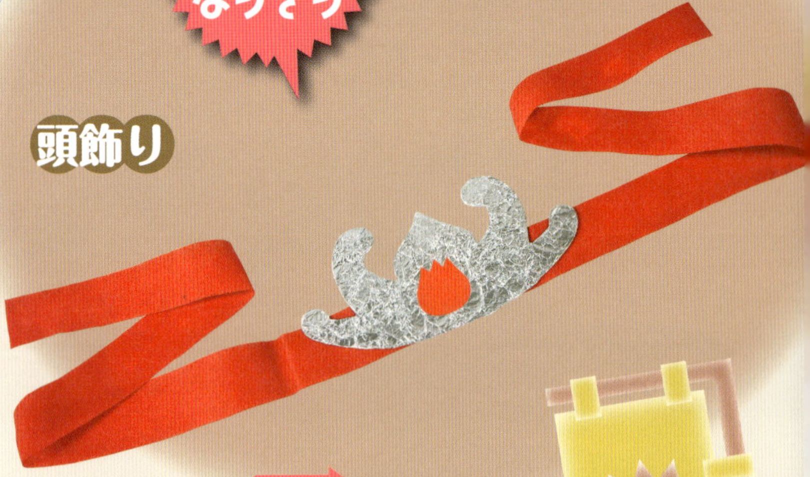

頭飾り

59ページ

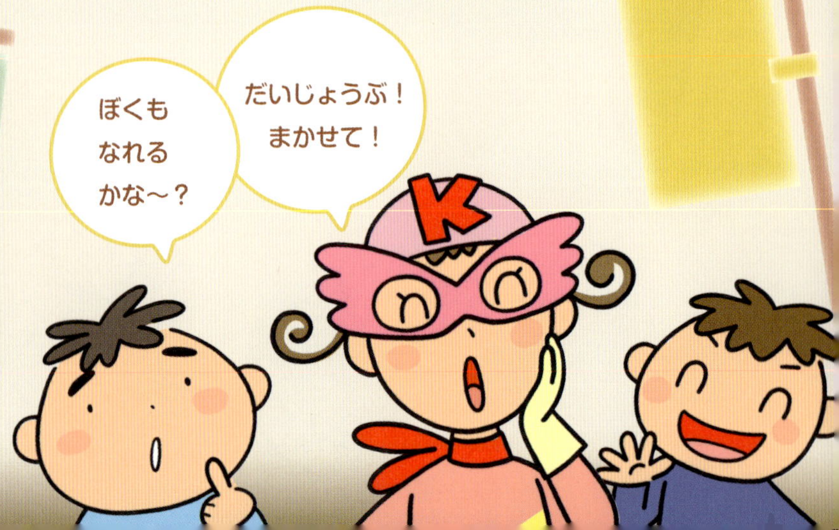

ぼくもなれるかな〜？

だいじょうぶ！まかせて！

〈若武者〉カップ麺の容器で作る本物みたいにかっこいいかぶと！

かぶれば勇気りんりん、武将気分が盛り上がるよ！

なんだか力がわいてきたぞ～！

1アイテムでなりきり

かぶと
→59ページ

よろい
→59ページ

悪の基地セットで遊ぼう！

作り方は 60〜61ページ

かっこいい悪役がいると、正義のヒーロー＆ヒロインは輝きを増しますね。悪のトンネルや血の池をくぐり抜け、悪のコントロールルームへ。ハラハラドキドキを演出して、楽しんじゃいましょう。

やったー！！きたぞ〜

血の池だって、へっちゃらだよ

遊びにチャレンジ！

ミッションにトライしてみよう！

「ドクロのアンテナをとってくる」などのミッションに挑戦するゲームをしてみましょう。

悪の手紙を探せ！

トンネルの中や新聞紙の中に隠した「悪の手紙」を見つけ出し、悪役のたくらみを見抜いてみよう。

悪の手先は、ポイッ

石垣の抜け穴から、こっそり忍び込むよ

グレードアップアイテム

カラーポリ袋を重ねて、ゴージャスな衣装を作っちゃおう

プリンセスドレス

62ページ →

もう1枚用意したカラーポリ袋で襟をつける

プリンセスドレス上

プリンセスドレス下

ふふふん、お姫様って呼ばれちゃった

上だけ着ても、下だけでもOKよ

扇

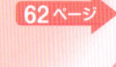
62ページ

1ワンアイテムでヒーロー&ヒロインに変身！ 妖精アイテム

エアーパッキングの軽い羽をつければ、妖精になってふんわりとべちゃいそう

動くたびに羽やリボンが軽やかに揺れて、見た目でも楽しさが広がります。

1ワンアイテムでなりきり

㊥ 羽
- エアーパッキング
- 中央部分を絞る
- スズランテープ
- シール
- ひも

うふふ、とんじゃおうっと

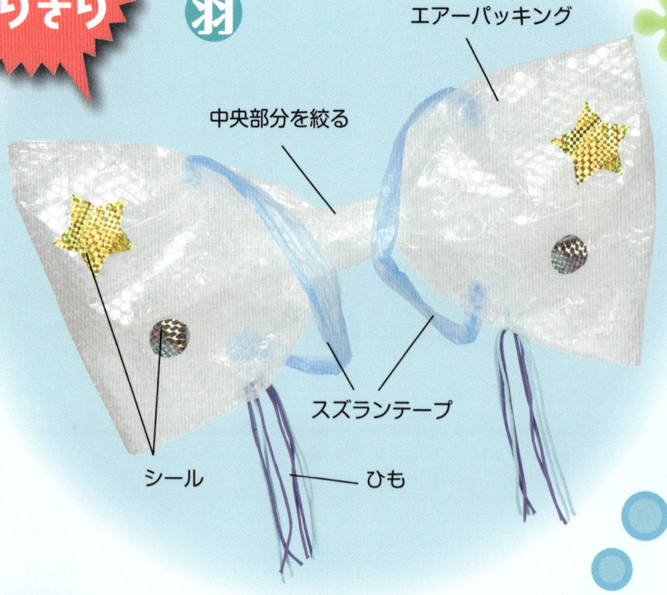

うふふぅ〜

ふわっ ふわっ

1アイテムでヒーロー&ヒロインに変身！ 妖怪アイテム

笑ったりおどけたり、妖怪になってみんなを楽しませちゃおう。

簡単な口をつければ、もうすっかり妖怪だ！

かっぱじゃ～！

どうじゃ、

かっぱの口　65ページ

1アイテムでなりきり

怖い口

マスクに色画用紙で切った口をはる

いろんな口を作ってみよう

グレードアップアイテム

カラーポリ袋のリュックで、あらら簡単！ すぐに変身

背負っただけで、赤ちゃんもかわいい妖怪になっちゃうよ！

妖怪リュック

基本は、**カラーポリ袋**

カラーポリ袋にエアーパッキングを詰める

かっぱリュック
- ビニールテープ

かっぱでちゅ

顔リュック
- スズランテープ

みのリュック
ベースの上に、スズランテープを裂いたものをつける

こんなこともできちゃうぞ！

ぬりかべリュック
- 色画用紙
- 四角く平らにする
- 点模様をかく

ぬりかべでちゅ

● リュックの中身は、軽い素材にしてね。新聞紙を入れると、垂れ下がってしまうのよ！

遊びにチャレンジ！

魔女の店でお店やさんごっこをしよう！

不思議なものを作って売ってもいいですね。

魔法のつえ、いりませんか？

くださーい！

お菓子の家で遊ぼう！

壁のクッキーをジグソーパズルに見立てて、はってみよう。
低年齢の場合は、屋根にお菓子を飾るだけでも楽しいですよ。

ここにはればいいのかな？

35

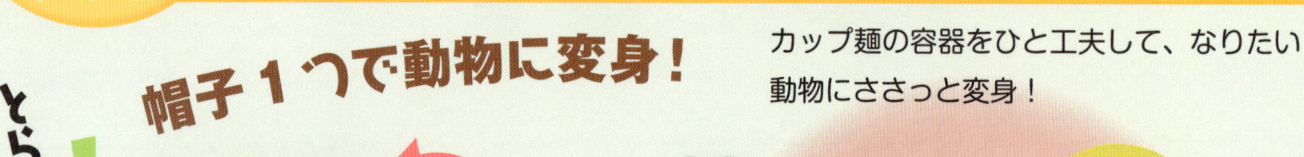

ジャングルアイテム

1アイテムでヒーロー&ヒロインに変身！

帽子1つで動物に変身！

カップ麺の容器をひと工夫して、なりたい動物にささっと変身！

とらだぞぉ！ガオー！！

1アイテムでなりきり

- とら … ビニールテープ
- うし 
- ひょう  … ピンクと黄のカラーポリ袋を重ねる
- とり 
- ライオン

基本は、カップ麺の容器（カラー帽子でも可）

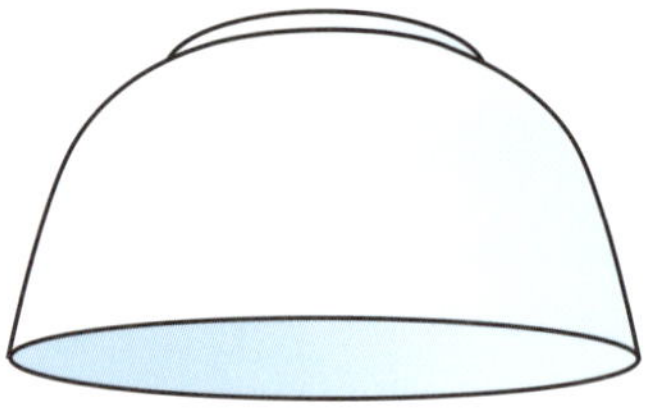

1つの素材から、こんなにバラエティ豊か

カラーポリ袋・色画用紙・スズランテープを組み合わせて！

68ページ

とら ジャーンプ!!

さる

ぞう

68ページ

うさぎ

カラーポリ袋で簡単衣装！
ますますジャングルヒーロー＆ヒロインに！

グレードアップアイテム

うさぎ

しっぽ 見て見て！

68ページ

とら

赤ちゃんとらだよ〜

ビニールテープ

68ページ

基本は、
カラーポリ袋

とり

空をとべるかなぁ？

68ページ

うし

気持ちいいモウ〜

色画用紙

68ページ

38

ライオン

ガオガオ
ガオー

ライオンと
ひょうは、
どっちが
速いかな？

68ページ

なにをして
遊ぼうかな～

ひょう

ピンクと黄の
カラーポリ袋
を重ねる

食べちゃうぞぅ

68ページ

ぞう

68ページ

さる

さるに
変身したから、
鉄棒やって
みよう！

68ページ

39

1アイテムでヒーロー&ヒロインに変身！ 昆虫アイテム

かぶりもので昆虫に変身！

ありやはちなど身近な昆虫から、憧れのかぶとむしやくわがたむしまで、かぶりもの1つで変身！

ブーン！

はちですよ～

1アイテムでなりきり

はち → 69ページ

かぶとむし → 69ページ

くわがたむし → 69ページ

あり → 69ページ

一つの素材から、こんなにバリエーションが！

基本は、**カップ麺の容器**（カラー帽子でも可）

カラーポリ袋・色画用紙・モールを組み合わせて！

40

ちょうちょう

丸めたアルミホイル

ヘアバンド

ばった

69ページ

はちさんになっちゃった！

ぴょ〜ん

ばった

ひらひら

ちょうちょう

- カラー帽子にはれば、もっと簡単！変身遊びだけでなく、運動会など行事のチーム分けにも使用できます
- 身近な昆虫の動き方を、よ〜く観察してみましょう！

41

エアーパッキングでぷっくりおしり&背中もバッチリ！

グレードアップアイテム

もっとかっこよく&かわいくなれちゃう、パワーアップ衣装を作ろう！

はち・あり

はちのおしり 69ページ →

はちの体と羽 69ページ →

ありのおしり 69ページ →

ありのパンツ
ウエストをひもで絞る

おかしが大すき!!

くわがたむし
69ページ →

かぶとむし
69ページ →

42

ぼくの
ちょうちょうも
かわいいで
ちょう？

遊びに
チャレンジ！

変身したら、昆虫になりきって遊んでみよう。こんな遊びも楽しいよ。

蜜運びゲーム

黄色の玉を蜜に見立てて、牛乳パックで作った巣に運んでみよう。全部運べるかな？

よいしょ
よいしょ

ちょうちょう

ちょうちょうの羽

69ページ

くわがたむし VS かぶとむしのお相撲対決

どちらが強いかな？

むむむっ

負けないぞ〜

ばった

69ページ

43

ジャングルセットで遊ぼう！

作り方は70～71ページ

ジャングルを流れる滝、見たこともない不思議な赤い花！　動物や昆虫のヒーロー＆ヒロインが大活躍するのにふさわしい舞台です！　全部作らなくても、ひとつの段ボールで十分盛り上がること間違いありません。

森の中から
ガオー

滝のトンネルを抜けて……

草むらから
こんにちは

ぴょん！

ぴょん！

44

遊びにチャレンジ！

動物や昆虫の説明をしてみよう！
動物になって自己紹介をしましょう。友達に当ててもらっても楽しいですね。

木登りが得意です。バナナも好きです

草を食べます。角があります

さるかな？！

うしだ!!

あっ、バナナ見ーつけた

ランランラン

宝探しをしてみよう！
ジャングルのあちこちに宝物を隠して、みんなで楽しく探してみましょう。

あったよ!!

かくれんぼゲームをしてみよう！
見つかったら、鳴きまねをしよう。

ふわふわお花、いい気持ち～！

みーつけた!!

ライオンだ!!

ガオー

45

ど〜んと勢ぞろい！み〜んな なりきり写真館

楽しい変身は、子どもたちからいつもとちょっぴり違う表情を引き出してくれます。
憧れのヒーロー＆ヒロインに変身した子どもたちの、とびきりの顔をパチリ！
思い出のアルバムにぜひ残してみましょう。カードにするのもおすすめです。

みんな とっても すてき〜!!

よっ！
かっぱの兄弟
ツーショット！

かわいくて
ほのぼの〜！

48

さあ、作ってみよう！
作り方 &
とっておきアイデア

こんがらがった〜〜！

できた〜〜!!

製作 とっておきアイデア

カナエンジャーが教えま～す！

知っていると得する裏ワザアイデアがいっぱい。早く、簡単に、そして見栄えが一層キレイに仕上がる方法をご紹介します。

> 早くて、簡単！そして、キレイにできるんジャー

1 サイズぴったりの秘密！

カラーポリ袋で服を作るときに、役立つコツを教えます！

45 リットルのカラーポリ袋

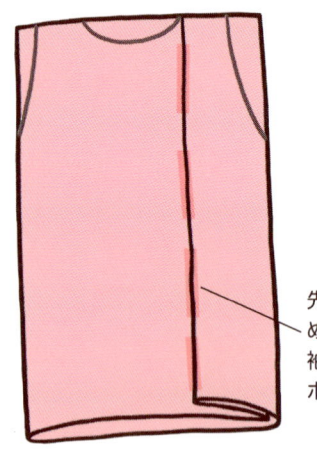

先にテープでとめてから、襟や袖口を切るのがポイント！

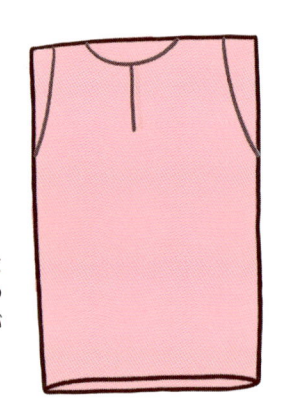

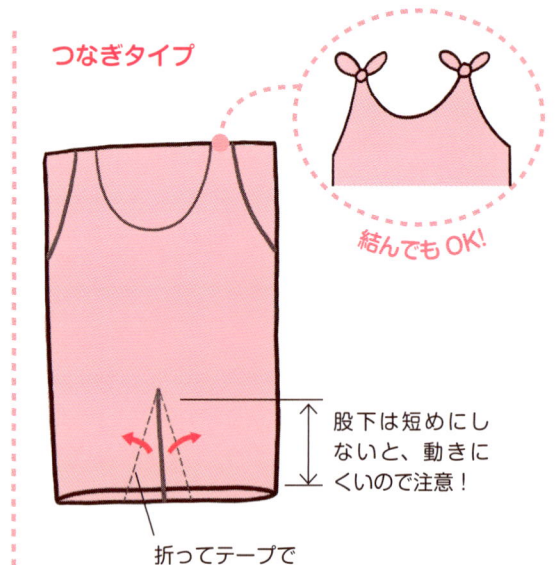

30 リットルのカラーポリ袋

子どもにぴったりのサイズ

つなぎタイプ

結んでもOK！

股下は短めにしないと、動きにくいので注意！

折ってテープでとめる

● 襟ぐりについてのポイント ●

子どもの頭は大きいので、襟を大きく開けてしまいがちですが、そうすると服が肩から落ちてしまいます。

> 頭が出ないよー

> 落っこちちゃうよー

襟ぐり部分に切り目を入れて、着てからテープでとめる。背中側でももちろんOK

2 アルミホイルを使いこなそう！

ひと手間かけることで、ますます魅力のある素材になります。

アルミホイルを一度もむ → 広げると… ※破れないように注意

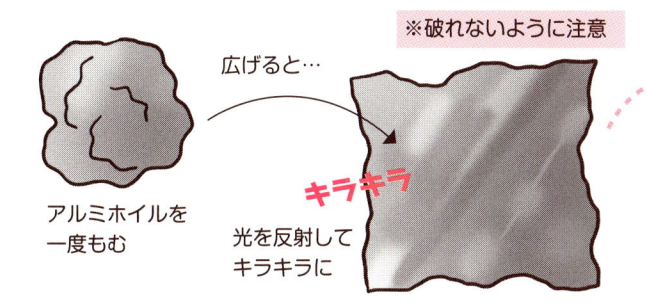

キラキラ 光を反射してキラキラに

もまないで ツヤツヤの刀 / **もんで キラキラの刀**

セロハンと組み合わせて！

アルミホイルの上にセロハンを重ねると、いろんな色のキラキラが！

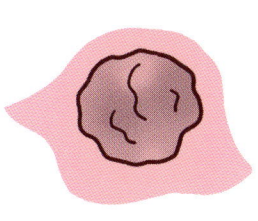

アルミホイルを丸めてセロハンで包むと、宝石みたいに！

3 素材にあった接着をしよう！

適切な接着材料で、簡単できれいな仕上がりになります。

カラーポリ袋 / **エアーパッキング**

※一度テープをはってからはがすと破れるので注意！
※ホッチキスでとめると、動くとそこから裂けるよ！

段ボール

※両面をはり合わせるときには、木工ボンドか強力両面テープがおすすめ！

カラーポリ袋やエアーパッキングは、セロハンテープではるのが一番！　メンディングテープは不向き

段ボールには布クラフトテープ

紙 / **不織布**

紙や不織布は、ホッチキスが一番きちんととめられる

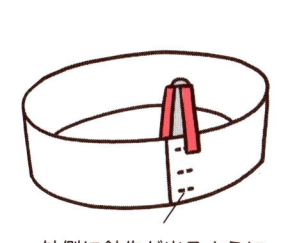

外側に針先が出るようにとめると、身につけたときに危なくない

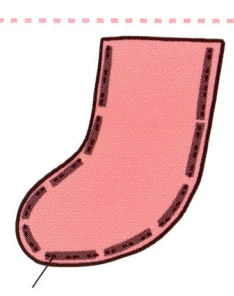

どうしても針先が内側になるときには、針の上からビニールテープをはって保護する

51

4 飾りの工夫をしてみよう！

便利グッズやオリジナルグッズで、製作物をグレードアップ！

シールを活用しよう！

シール折り紙やシールフェルト、シールつきの布は、切ってすぐにはれる

※細かい模様などにとっても便利！

四つ折りにして

切ると…

花のシールに！

シールがないときはこんな工夫を！

両面テープで即席シールに

折り紙、光る折り紙、千代紙などの裏に太い両面テープをはってから、形を切りとる

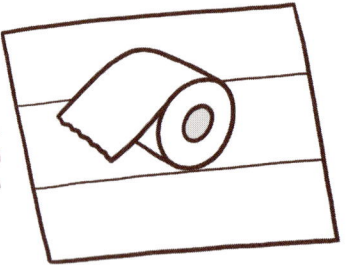

じょうぶなオリジナルシールを作ろう！

牛乳パックの内側やクリアファイルなどに、カラーガムテープをはる

カッターナイフで形を切りとり、はがす

5 紙の性質を知って使おう！

紙には縦目と横目があるので気をつけましょう。

紙 縦目に沿って丸めると紙はきれいに丸くなり、目に逆らうとしわになる

縦目

縦目

段ボール 縦目に沿って折るときれいに折れる 目に逆らうとまっすぐ折れない

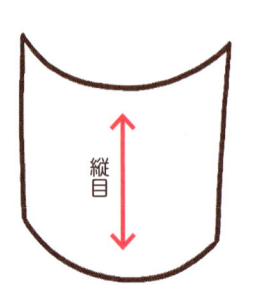

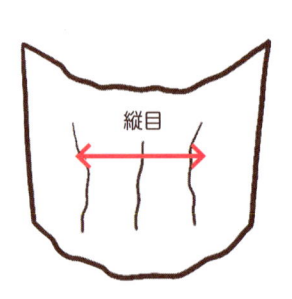

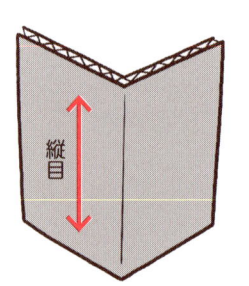

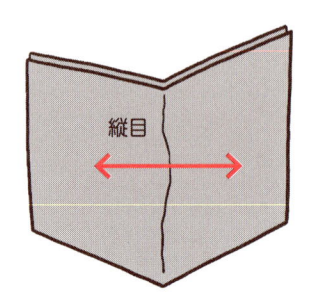

縦目

縦目

段ボールはわかりやすいわね

52

6 丸を切ろう！

きれいな丸を切る裏ワザを伝授します！

便利グッズ　円切りカッター

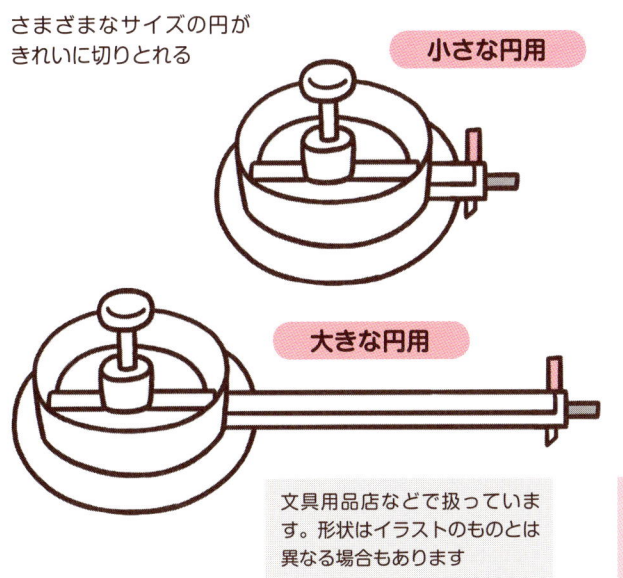

さまざまなサイズの円がきれいに切りとれる

小さな円用

大きな円用

文具用品店などで扱っています。形状はイラストのものとは異なる場合もあります

なべのふたを利用しよう！

下にエアーパッキングなどを下敷きにして、なべのふたに沿って切りとる

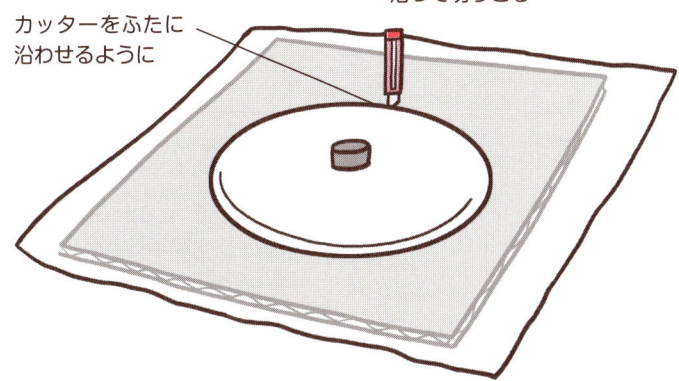

カッターをふたに沿わせるように

※子どもが顔を出す穴は、直径30cmくらい

小さな穴は、穴開けパンチを利用しよう！

7 いろいろなはさみを使おう！

さまざまな形に切れるはさみを効果的に使いましょう。

ギザギザ　　**はっぱのギザギザ**　　**なみなみ**

※葉や花などのように同じ形のものをたくさん切るときは、何枚か重ねて一気に切ると時間短縮になるよ！

こんなはさみで切っただけで、かわいいお花や葉が作れちゃう！

テフロン加工のはさみ

のりがくっつかないので、とても便利

その他

手芸用のはさみ…紙用はさみでは布は切りにくいので、布用を使おう

先の細い小さなはさみ…細かい加工が楽にできる

みんな がんばってみてね！

収納 とっておきアイデア

せっかく作ったアイテムは、1回の遊びで終わらせるのではなく、何回も使用したいですね。でも、ただ収納して隠してしまうのはもったいない！　見せながらすっきりと収納できるアイデアを紹介しましょう。

> 見えるようにしておくと、すぐやってみたくなりますよね。遊びにつながって、便利ですよ～！

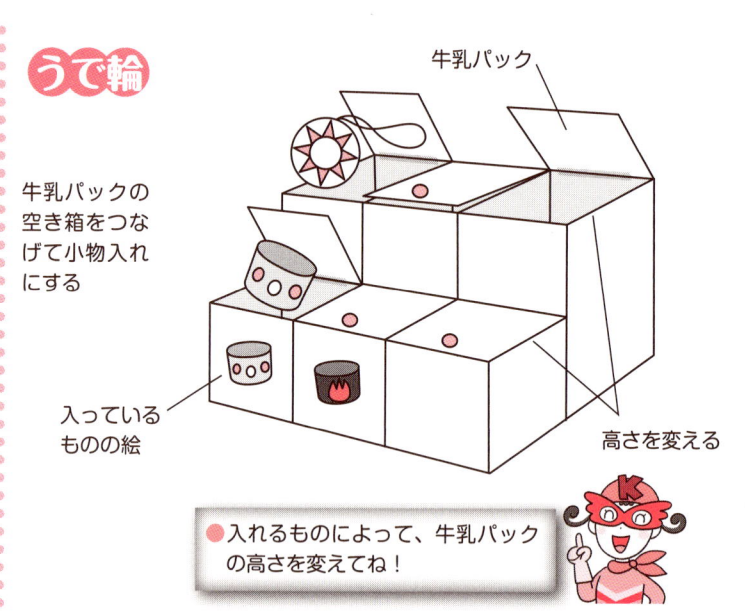

バッジなど

ペットボトルに輪にしたビニールテープをはっておき、そこにマークをはりつける

ビニールテープ

● ペットボトルに色のついた水を入れておくと、キレイよ

うで輪

牛乳パックの空き箱をつなげて小物入れにする

牛乳パック
入っているものの絵
高さを変える

● 入れるものによって、牛乳パックの高さを変えてね！

帽子など 平らなもの

不織布で作った帽子や、紙で作ったレンジャー証などは、書類を入れるファイルに入れて保管する

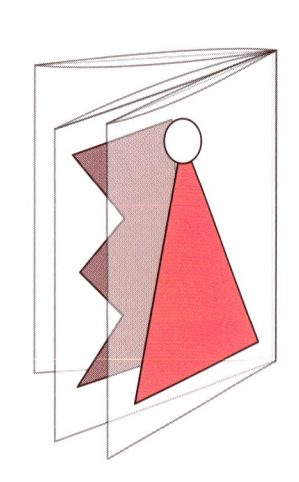

● 見やすいから、探すときも便利なのジャー

王冠

ペットボトルにエアーパッキングを巻き、その上にかぶせる。いくつかかけてもOK。赤い布などでゴージャス感を演出しても

● かぶとの場合は、黒の布がピッタリよ！

54

ビーム・つえ

段ボールを折り曲げて、形を作る
長いものをまっすぐ保管するのに、便利

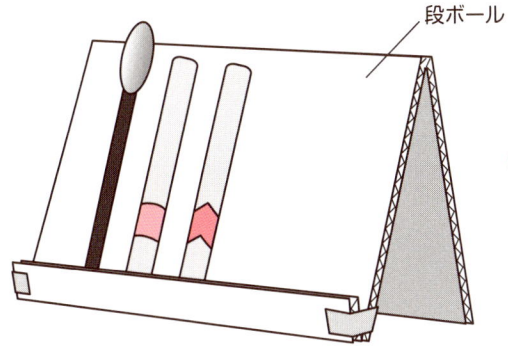

段ボール

● すぐに遊びの準備ができるね！

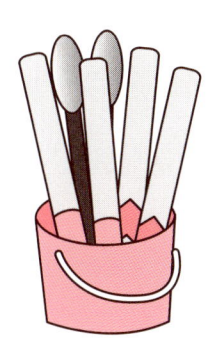

子ども用バケツでもOK

マント

ハンガーにひも付きの洗濯ばさみをつけてつるし、ハンガーごと壁にかける

ハンガー

ひも付き洗濯ばさみ

● 同じようなマントの場合、洗濯ばさみに名前をつけておくといいわよ

帽子　カップ麺の容器で製作したもの

この形のものは、重ねることができないので、壁のフックにつるす

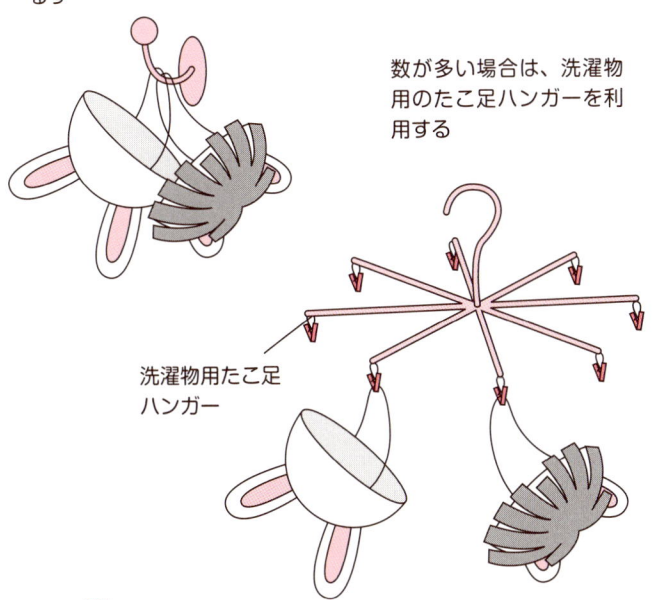

数が多い場合は、洗濯物用のたこ足ハンガーを利用する

洗濯物用たこ足ハンガー

● 容器は軽いので、つるしても大丈夫なのジャー

ベルト・はちまき

洗濯ばさみでとめる

ハンガーラック

紙皿をくり抜いてもOK

ひも状のものは収納時に絡まりやすいので、絡みにくく、取り出しやすく保管する

● しっぽや羽の収納にも使えるよ！

55

アイテムの作り方

作り方がわかりにくいものを中心に説明しています。作り方のコツもバッチリ！

宇宙パトロール隊アイテム p.6〜8

アラームボタン

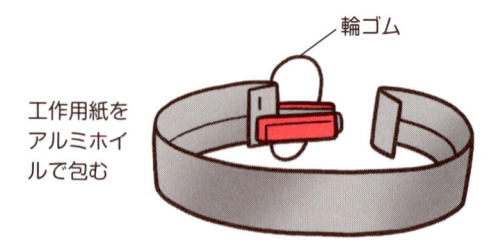

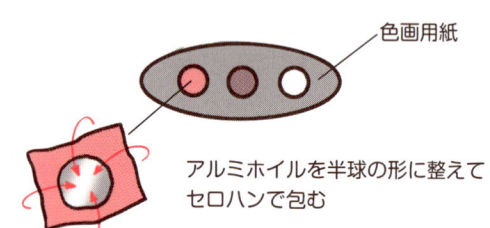

- 輪ゴム
- 工作用紙をアルミホイルで包む
- 色画用紙
- アルミホイルを半球の形に整えてセロハンで包む

宇宙バンド

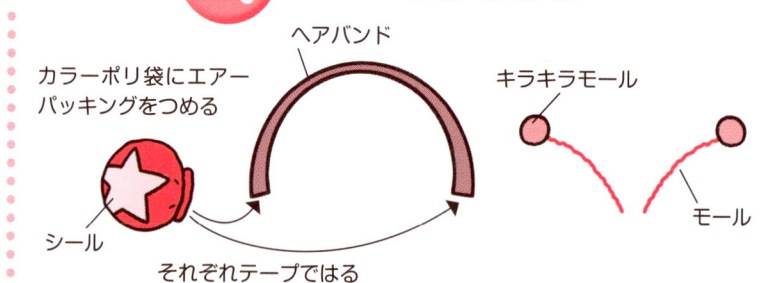

- カラーポリ袋にエアーパッキングをつめる
- ヘアバンド
- シール
- それぞれテープではる
- キラキラモール
- モール

フライングユーフォー

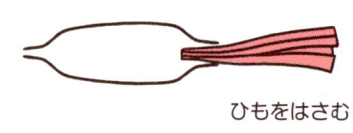

- 紙皿の表側を合わせて、ホッチキスでとめる
- ひもをはさむ
- ホッチキスを隠すようにクラフトテープをはる

合体ロボアイテム p.9

変身アーム

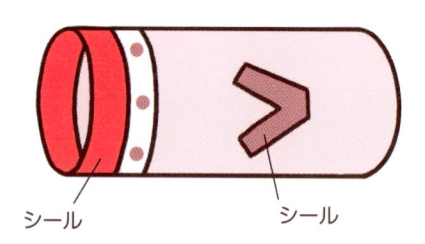

- エアーパッキングを筒状にする
- シール
- シール

ロボかぶと

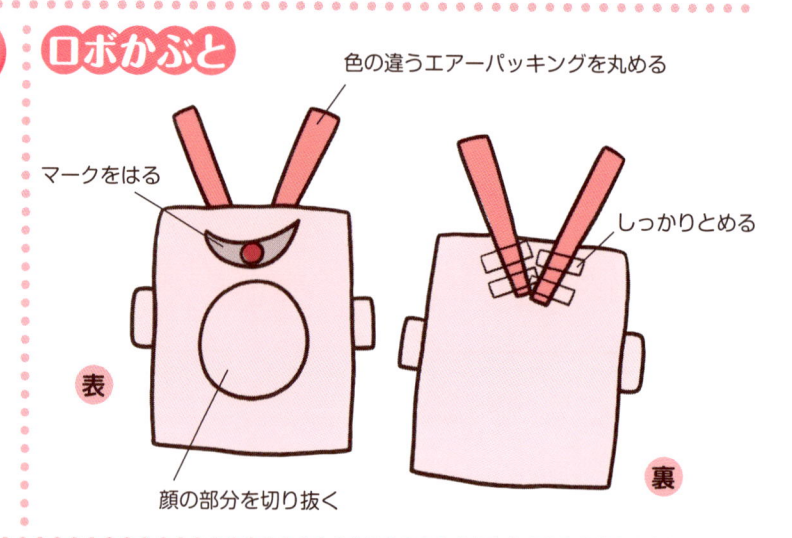

- 色の違うエアーパッキングを丸める
- マークをはる
- しっかりとめる
- 表
- 裏
- 顔の部分を切り抜く

腰よろい

- スズランテープ 4〜5枚重ねてテープでまとめる
- シールをはる
- エアーパッキングを同じ形に切る

56

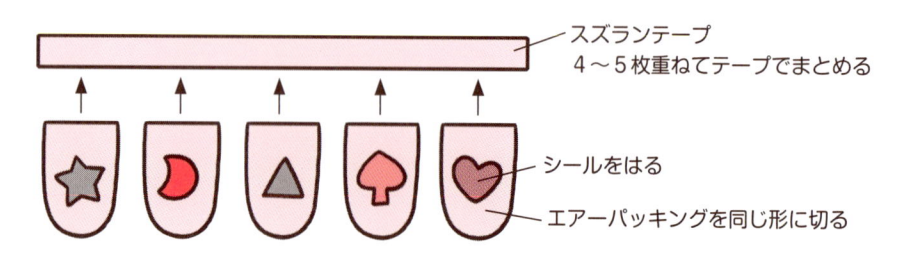

地球レンジャーアイテム p.10〜12

レンジャー証

- エンブレム
- 色画用紙
- ドラマで見る警察手帳のように中央で中折れする形に！
- 顔写真や名前を入れて、本物らしく

エンブレム

- シールや色画用紙でかっこよく飾ろう！
- 工作用紙を丸く切りとりアルミホイルで包む

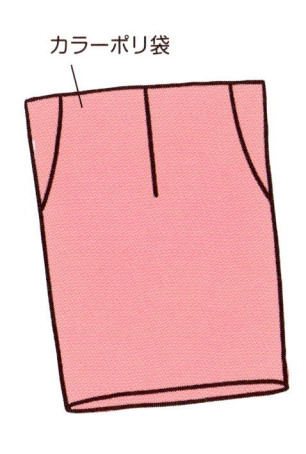

ユニフォーム

- カラーポリ袋
- 1枚目に切れ目を入れ左右に開く
- 襟に見立てて、テープでとめる

帽子

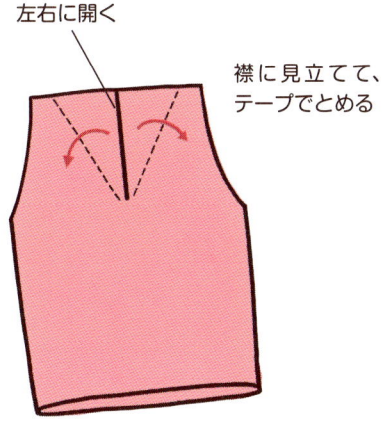

- 不織布を形のように2枚切りとり、ホッチキスでとめ合わせてから裏返す
- 正面にエンブレムをはる

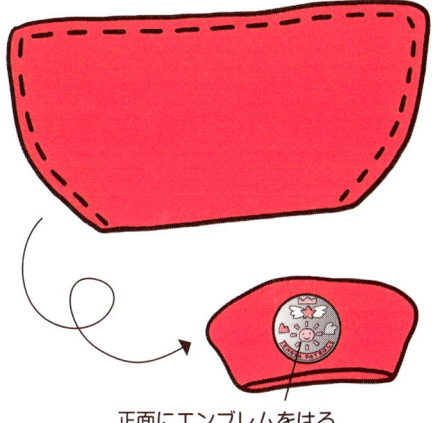

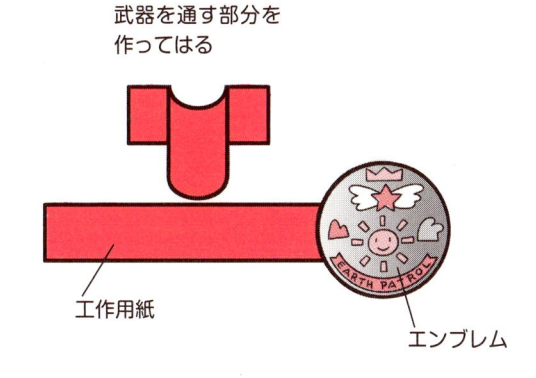

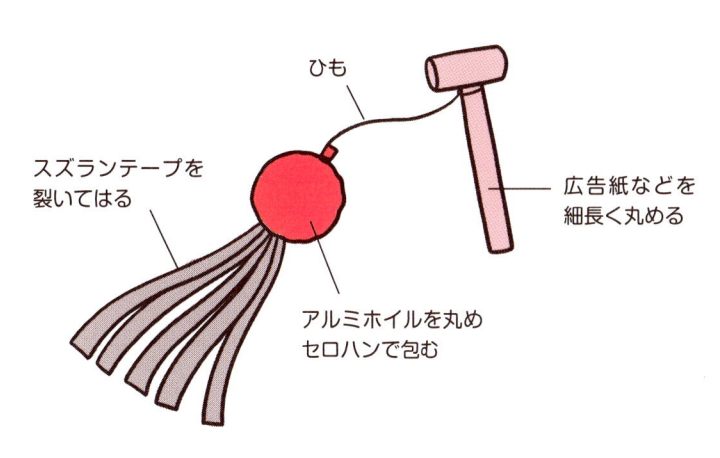

ベルトと武器

- 武器を通す部分を作ってはる
- 工作用紙
- エンブレム
- ひも
- スズランテープを裂いてはる
- アルミホイルを丸めセロハンで包む
- 広告紙などを細長く丸める

57

悪役を作ろう ❶ p.13

ワルのはちまき

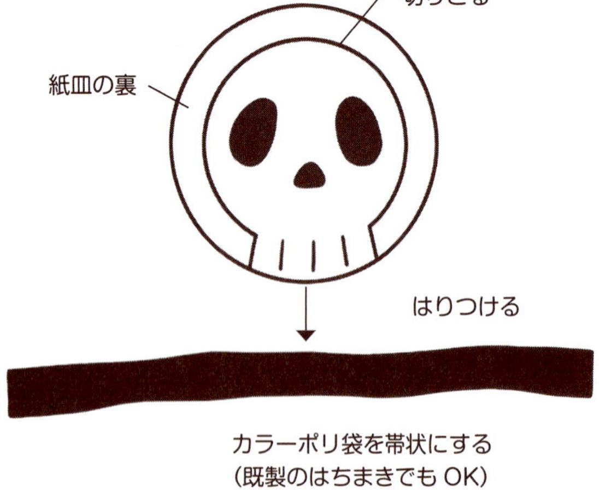

- ドクロの形に切りとる
- 紙皿の裏
- はりつける
- カラーポリ袋を帯状にする（既製のはちまきでもOK）

ワルの服

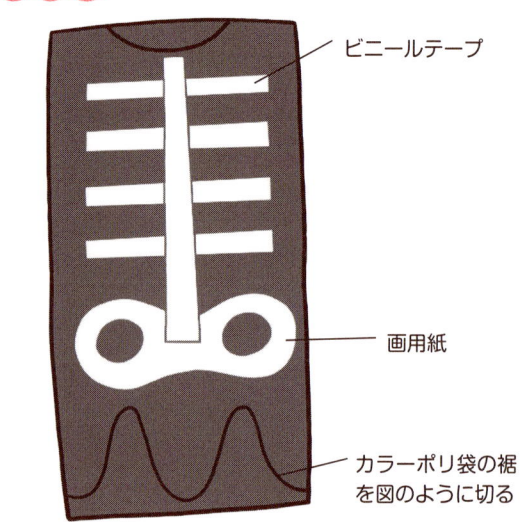

- ビニールテープ
- 画用紙
- カラーポリ袋の裾を図のように切る

悪役を作ろう ❷ p.29

悪の帽子

- 色画用紙を形に切る
- はる
- 輪ゴム
- 工作用紙
- はる
- 工作用紙でサンバイザーを作る
- セロハンをつばの裏にはりつける

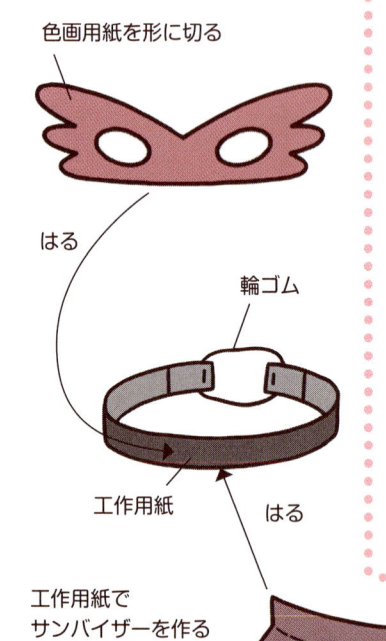

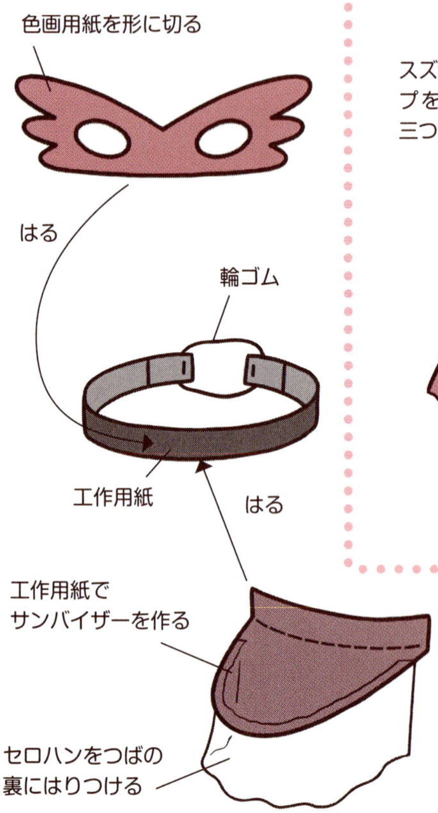

悪のエクステンション

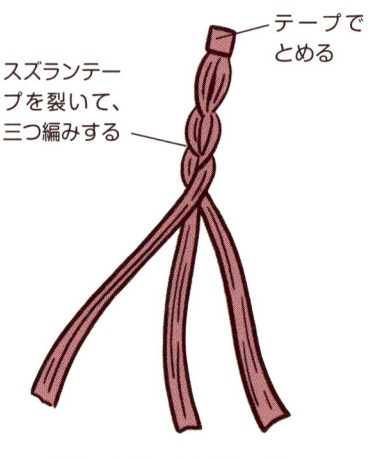

- テープでとめる
- スズランテープを裂いて、三つ編みする
- 長さの3分の1を残して編み終えて、テープでとめる

●バンダナにはっても、かっこいいわよ！

悪のベルト

- ひも
- 色画用紙
- 画用紙で作ったドクロ

悪のこうもりマント

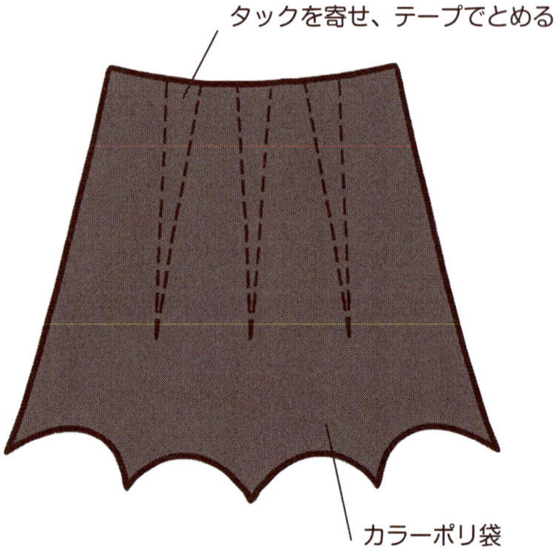

- タックを寄せ、テープでとめる
- カラーポリ袋

戦国アイテム〈スーパー武将〉 p.14〜15

頭飾り
- 色画用紙
- 長めのはちまき
- 工作用紙を好きな形に切りとり、アルミホイルで包む

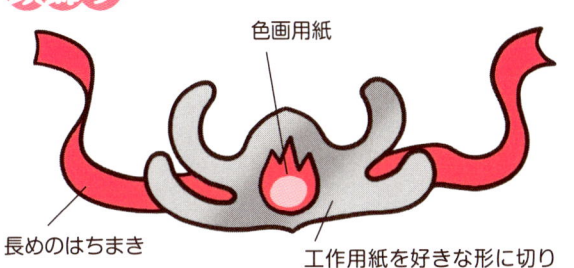

やり
- 千代紙などを巻く
- テープ
- アルミホイル
- 新聞紙を細く巻いたものをカラーポリ袋で包むもしくはビニールテープで巻く

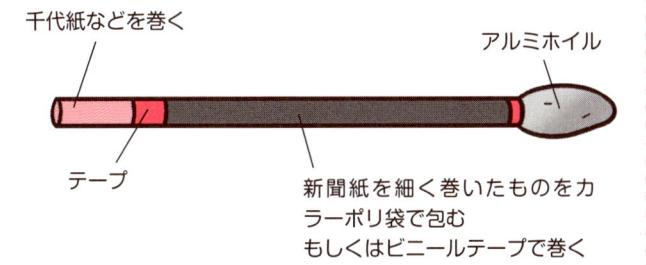

陣羽織（じんばおり）
- タックを寄せる
- 色画用紙でマークを作る
- はる
- この形にカラーポリ袋を整えて、中に同色のカラーポリ袋を入れて立体的にする
- カラーポリ袋
- ビニールテープはカラーポリ袋の切り口を包み込むようにはる

● 長めの丈にするとかっこいい〜！

戦国アイテム〈若武者〉 p.16〜17

かぶと
- 工作用紙をアルミホイルで包む
- カップ麺の容器をカラーポリ袋で包む
- 丸めたアルミホイル
- ビニールテープ
- はる
- つばを工作用紙で作り、カラーポリ袋で包む
- 工作用紙か色画用紙を折り、一部千代紙をはる

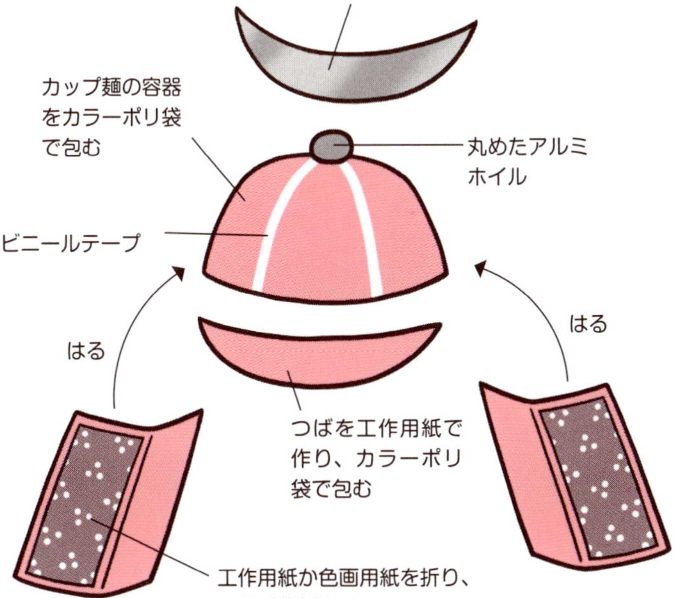

よろい
- 肩当て部分として、工作用紙をカラーポリ袋で包み、ビニールテープをはる
- 首の後ろで結ぶ
- スズランテープ 背中で結ぶ
- 工作用紙をカラーポリ袋で包む
- ビニールテープ
- 体の横幅よりやや広めに

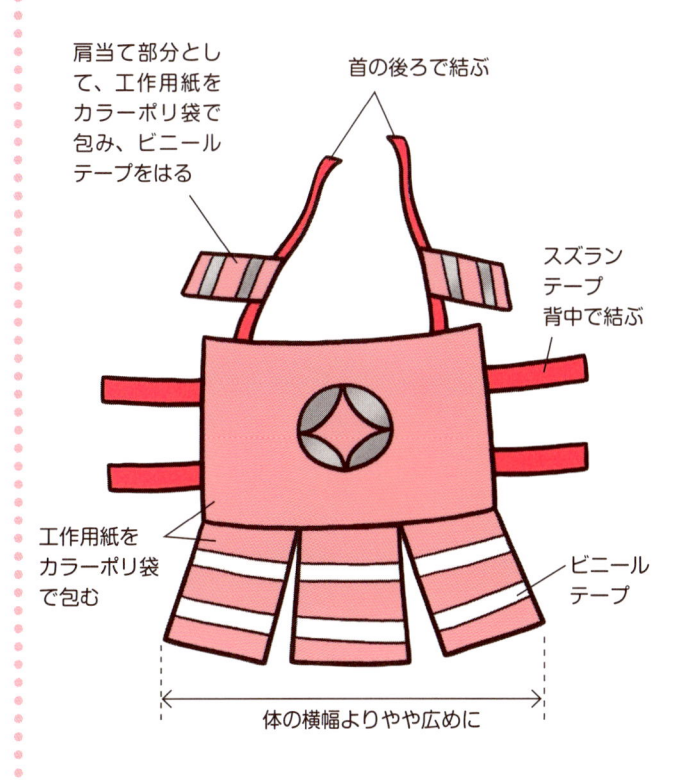

悪の基地セットで遊ぼう！ p.18〜19

悪の仲間

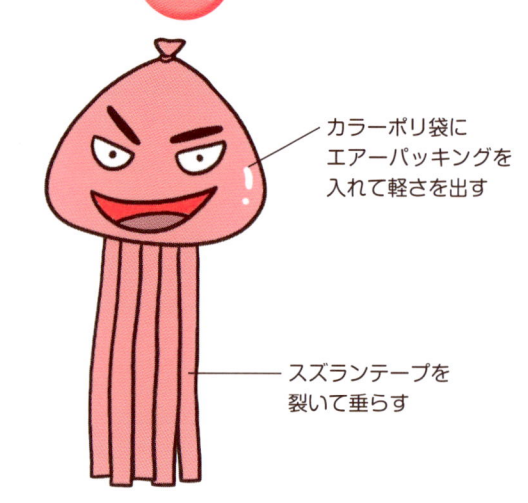

- カラーポリ袋にくしゃくしゃにもんだ新聞紙を入れる
- 画用紙で顔を作り、はる
- カラーポリ袋にエアーパッキングを入れて軽さを出す
- スズランテープを裂いて垂らす

悪のミラー

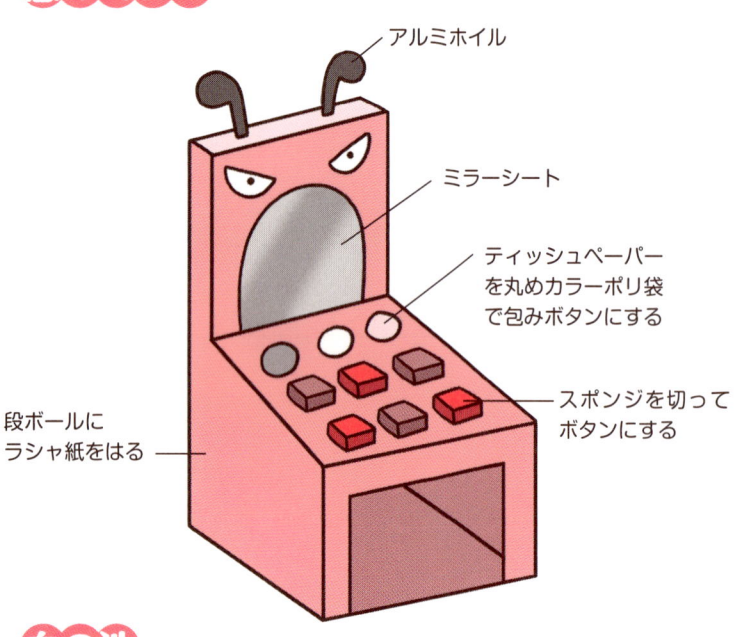

- アルミホイル
- ミラーシート
- ティッシュペーパーを丸めカラーポリ袋で包みボタンにする
- スポンジを切ってボタンにする
- 段ボールにラシャ紙をはる

おばけ

- ひも
- スズランテープを裂く
- 色画用紙で目を作る

●いろんな色でカラフルに作っても楽しいわね

血の池

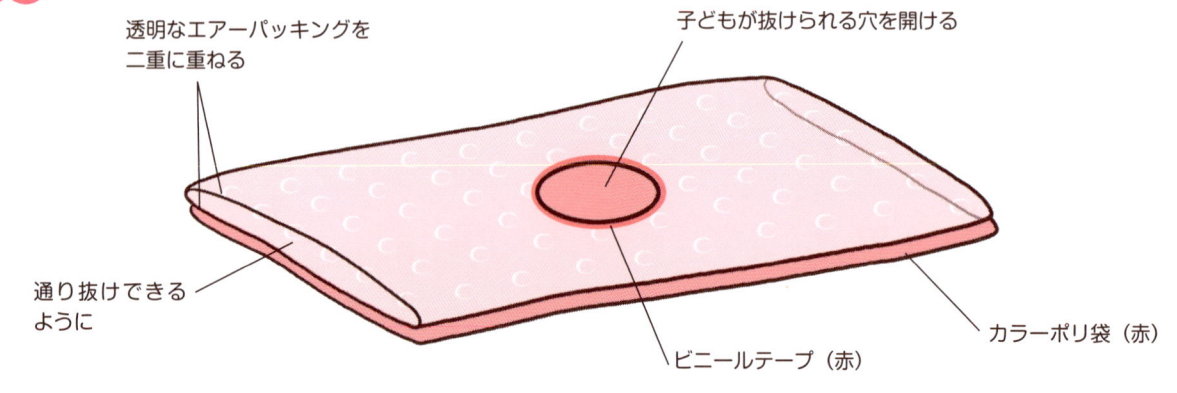

- 透明なエアーパッキングを二重に重ねる
- 子どもが抜けられる穴を開ける
- 通り抜けできるように
- ビニールテープ（赤）
- カラーポリ袋（赤）

悪のトンネル

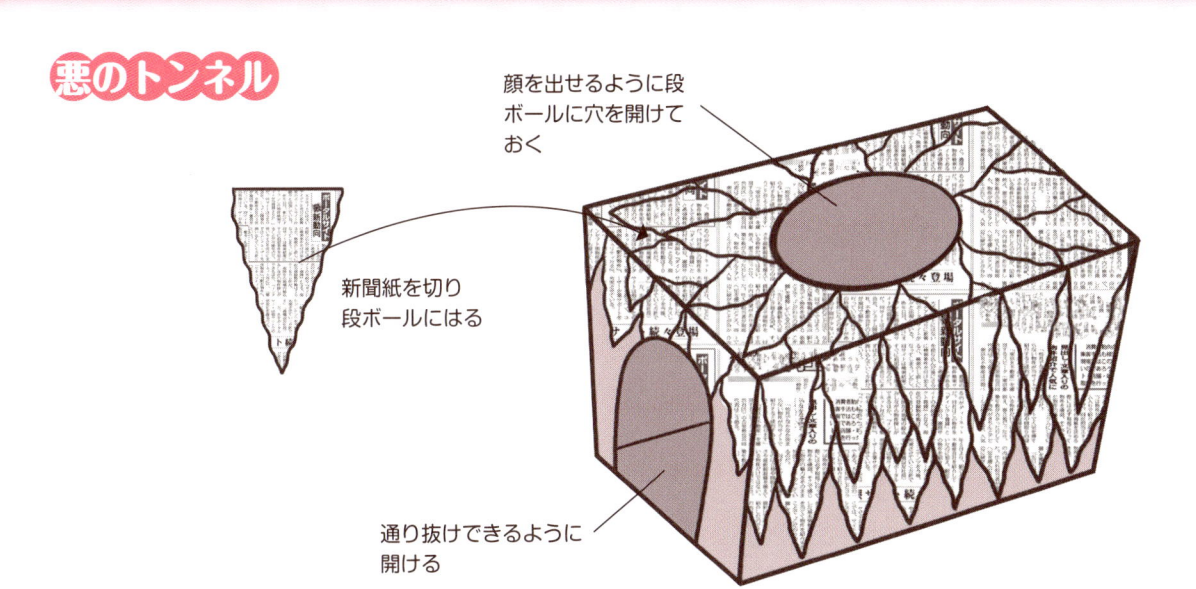

- 顔を出せるように段ボールに穴を開けておく
- 新聞紙を切り段ボールにはる
- 通り抜けできるように開ける

悪のブラックトンネル

- 段ボールにカラーポリ袋をはる
- 画用紙で作る
- アンテナのようにトンネルに立ててみよう
- 紙皿からドクロを切りとる
- 段ボールを二つ折りにし、カラーポリ袋をかぶせる
- 色画用紙で作る
- 通り抜けできるように開ける

● トンネルを組み合わせて遊ぼう

石垣トンネル

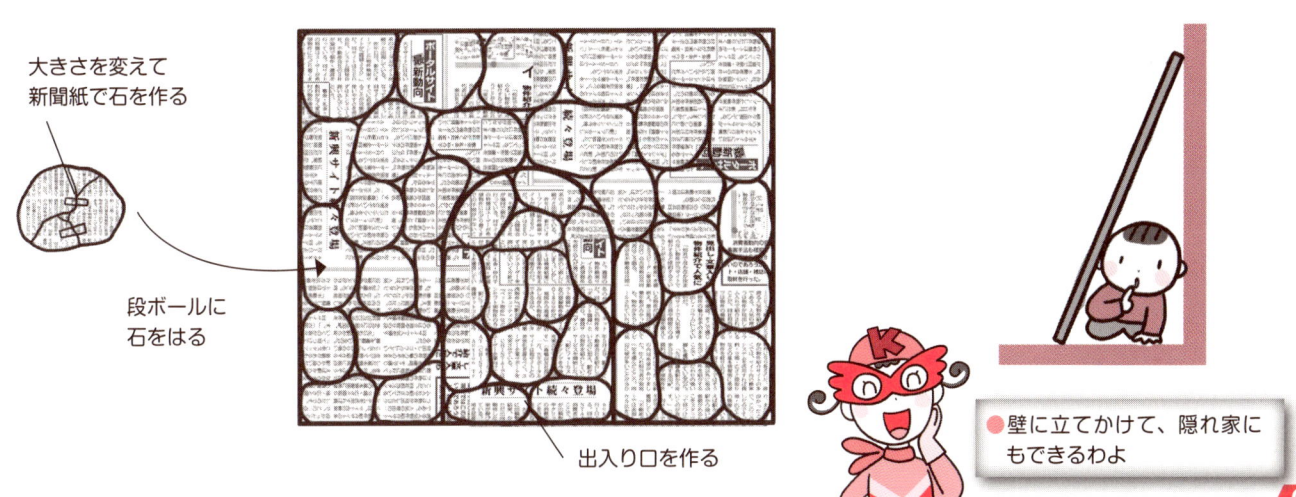

- 大きさを変えて新聞紙で石を作る
- 段ボールに石をはる
- 出入り口を作る

● 壁に立てかけて、隠れ家にもできるわよ

プリンス&プリンセスアイテム p.20〜23

ティアラ

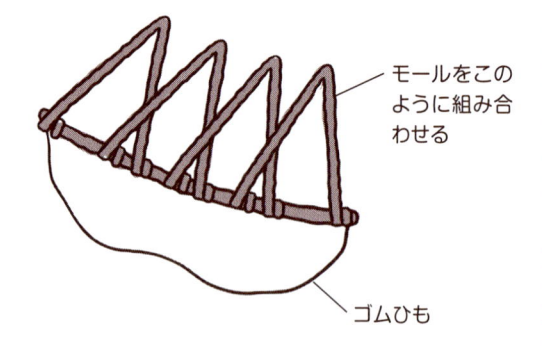

- キラキラシールをはって飾る
- モールをこのように組み合わせる
- ゴムひも

王冠

- 工作用紙または色画用紙
- ホッチキスでとめる
- シール
- 立体感のある太めのモール

プリンセスドレス

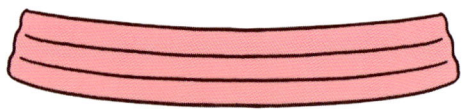

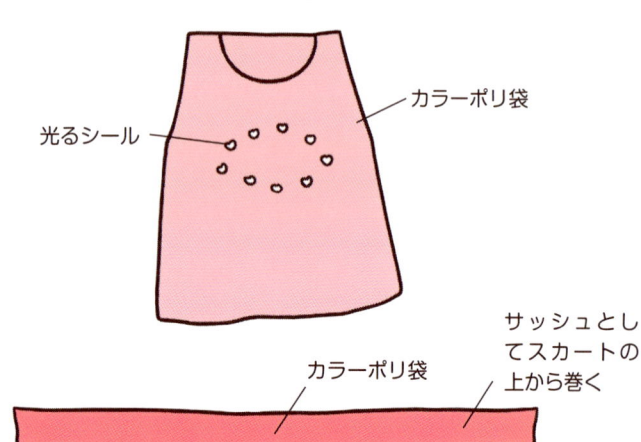

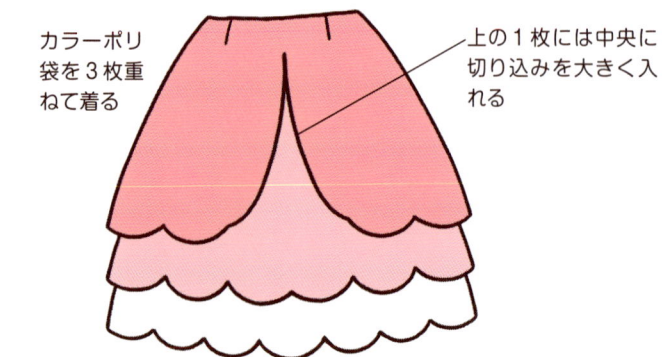

- カラーポリ袋でリボンを作る
- カラーポリ袋で襟を作る
- 光るシール
- カラーポリ袋
- サッシュとしてスカートの上から巻く
- カラーポリ袋
- カラーポリ袋を3枚重ねて着る
- 上の1枚には中央に切り込みを大きく入れる

扇

- 画用紙をじゃばらに折り、片側4分の1くらいをテープでとめる
- お花紙で作った花をはる

プリンスベスト

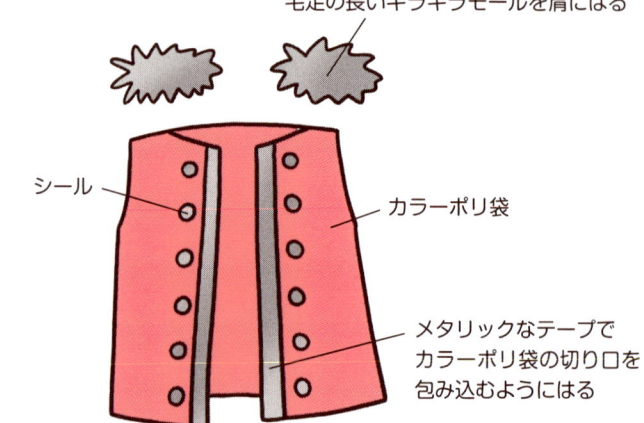

- 毛足の長いキラキラモールを肩にはる
- シール
- カラーポリ袋
- メタリックなテープでカラーポリ袋の切り口を包み込むようにはる

● 色を変えてプリンス兄弟を作っても楽しいわよ！

プリンス&プリンセスアイテム〈伝説の世界〉 p.24〜25

花のかんむり

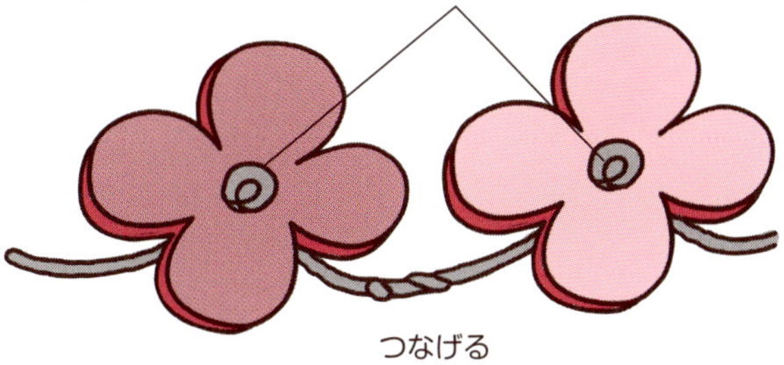

- 光る折り紙を2枚重ねて花形を切る
- 2枚ともモールを通す
- つなげる

羽つき帽子

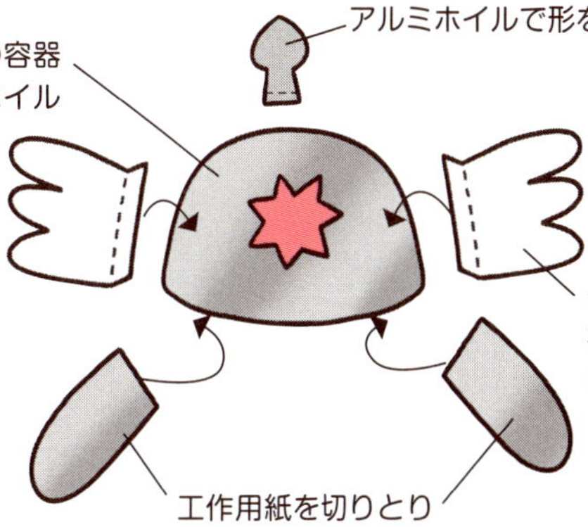

- カップ麺の容器をアルミホイルで包む
- アルミホイルで形を作ってはる
- クリアファイルを切りとってはりつける
- 工作用紙を切りとりアルミホイルで包む

マント

- カラーポリ袋
- 肩の部分をテープでとめる

● テープでとめたあと、テープを隠すように裏返すとマントがより立体的になるのよ！

プリンセス衣装

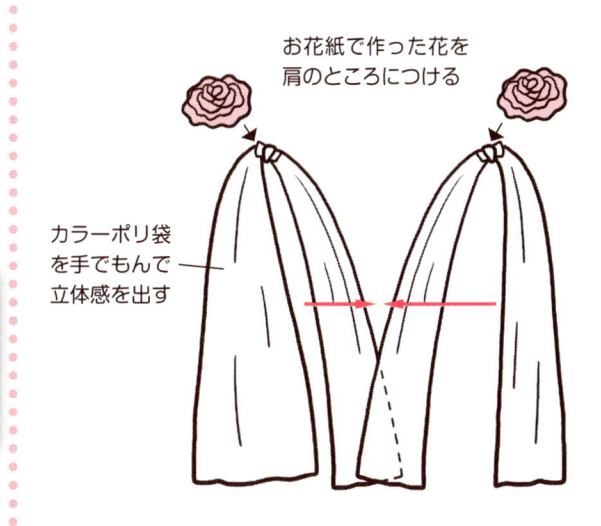

- お花紙で作った花を肩のところにつける
- カラーポリ袋を手でもんで立体感を出す
- リボン
- 着るときには、2枚をクロスしてリボンでとめる

プリンス衣装

- 不織布を腰がかくれるくらいの長さにして、片肩へかける
- ウエスト部分はアルミホイルで作った帯でとめる

● 何枚か重ねると、よりゴージャスよ！

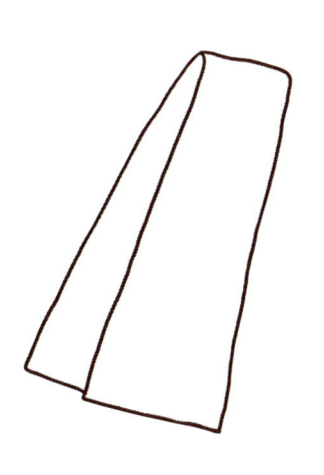

妖精アイテム p.26〜28

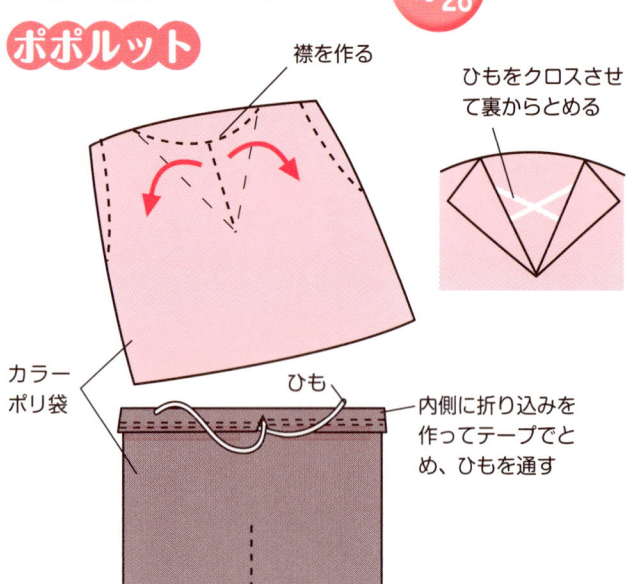

ポポルット

- 襟を作る
- ひもをクロスさせて裏からとめる
- カラーポリ袋
- ひも
- 内側に折り込みを作ってテープでとめ、ひもを通す

コロコロップ

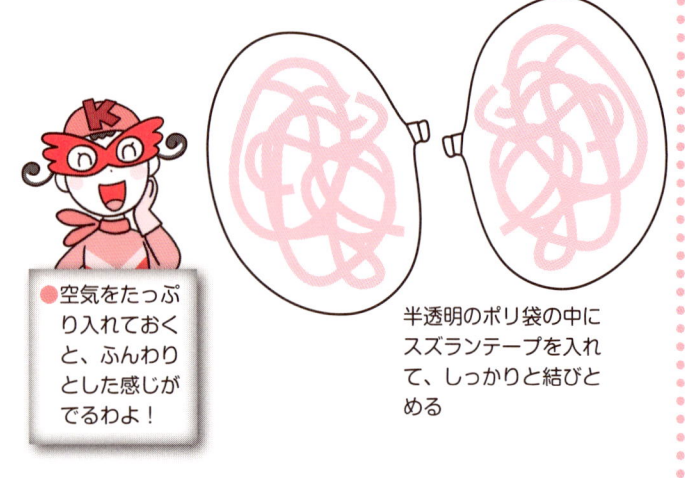

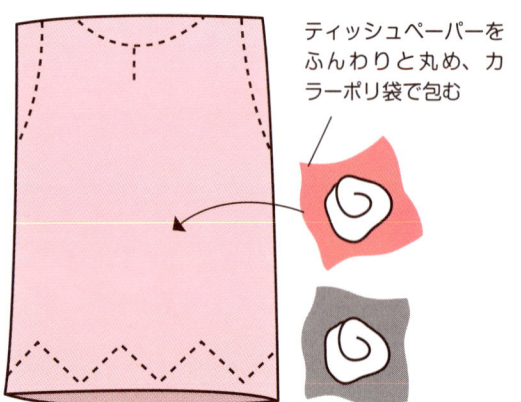

- 半透明のポリ袋の中にスズランテープを入れて、しっかりと結びとめる
- 空気をたっぷり入れておくと、ふんわりとした感じがでるわよ！
- ティッシュペーパーをふんわりと丸め、カラーポリ袋で包む

ティーピット

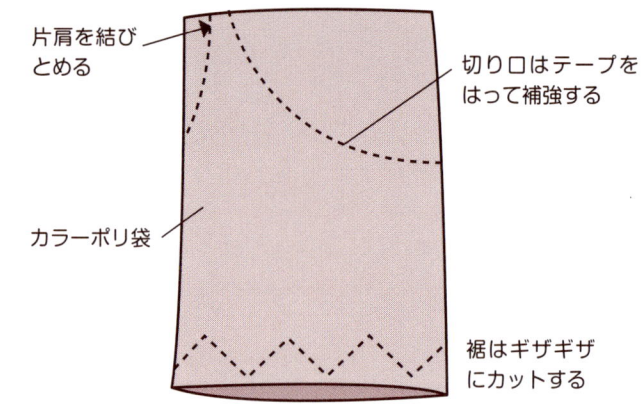

- 片肩を結びとめる
- 切り口はテープをはって補強する
- カラーポリ袋
- 裾はギザギザにカットする

フルルピーノ

- ティッシュペーパーをふんわりと丸め、カラーポリ袋で包む
- 不織布で花びらを作る
- カラーポリ袋
- はり合わせてワンピースに
- タックを寄せてプリーツを作りテープでとめる

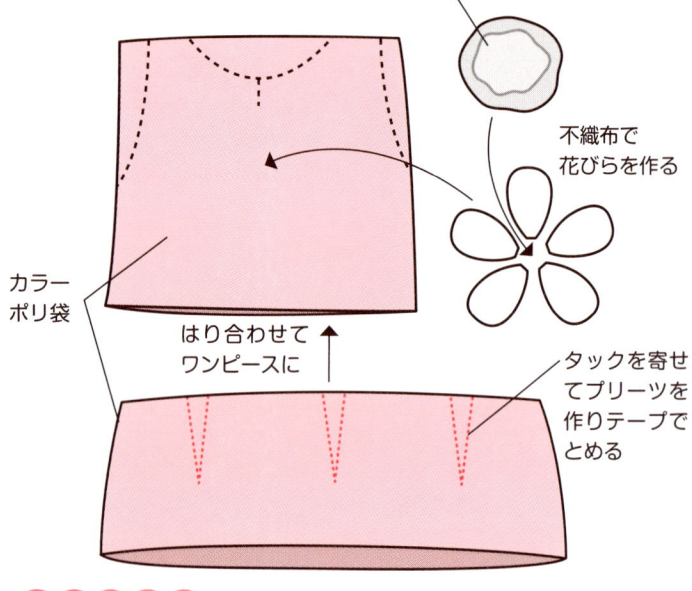

ヒラリーフ

- カラーポリ袋
- この形にすることでウエストをしばって裾広がりのラインができる
- 裾のギザギザに合わせてシールをはる
- 同色の帯を作る

64

妖怪アイテム p.30〜33

かっぱの口

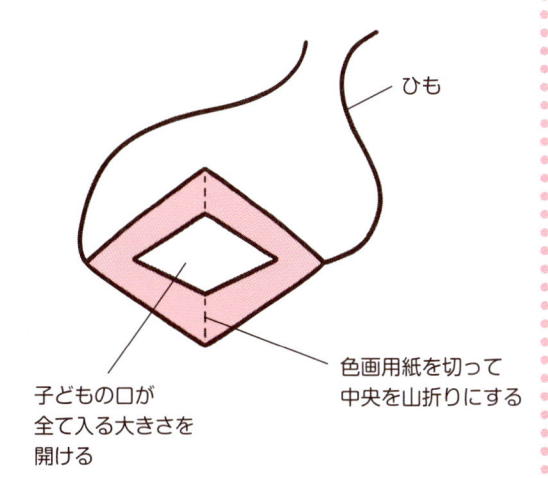

- ひも
- 子どもの口が全て入る大きさを開ける
- 色画用紙を切って中央を山折りにする

いったんもめん

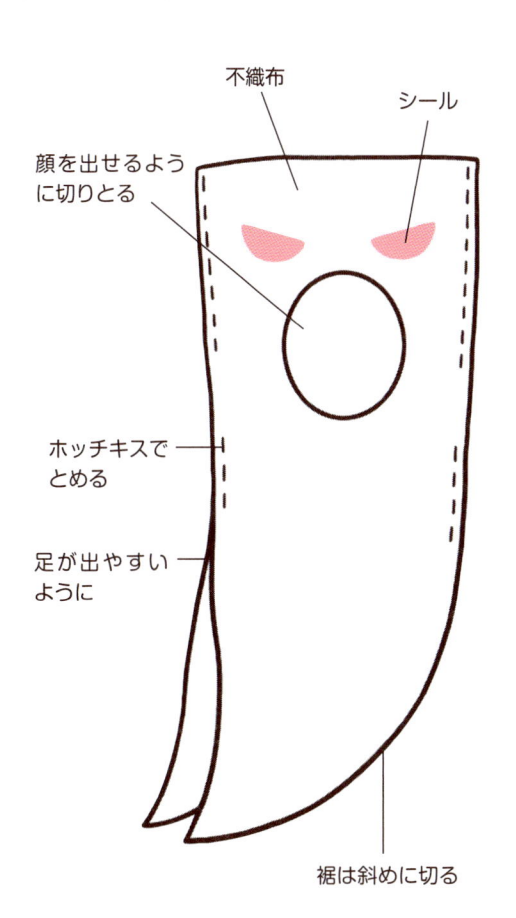

- 不織布
- シール
- 顔を出せるように切りとる
- ホッチキスでとめる
- 足が出やすいように
- 裾は斜めに切る

ちゃんちゃんこ

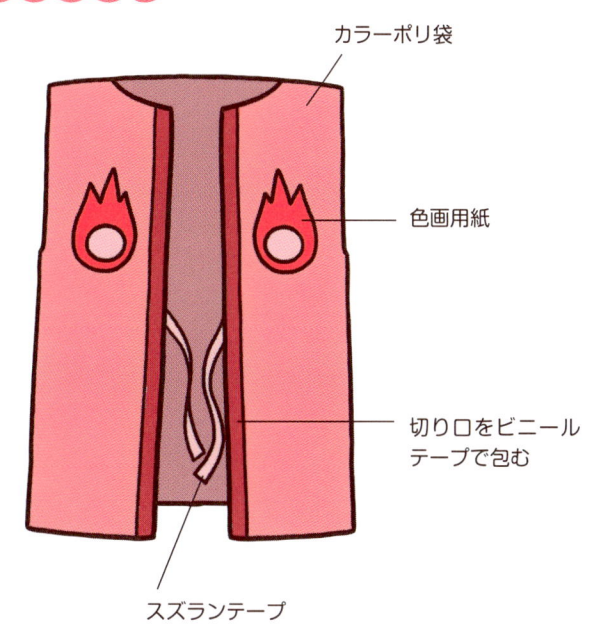

- カラーポリ袋
- 色画用紙
- 切り口をビニールテープで包む
- スズランテープ

下駄ポシェット

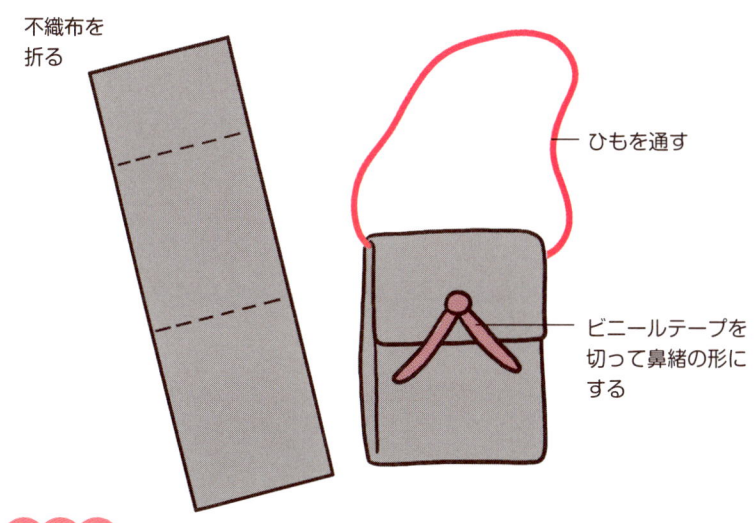

- 不織布を折る
- ひもを通す
- ビニールテープを切って鼻緒の形にする

から傘

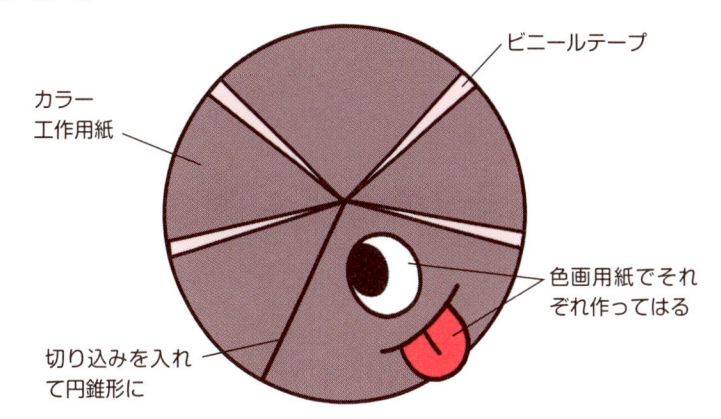

- ビニールテープ
- カラー工作用紙
- 色画用紙でそれぞれ作ってはる
- 切り込みを入れて円錐形に

65

メルヘンの森セットで遊ぼう！ p.34〜35

お菓子の家

本体
- 段ボール

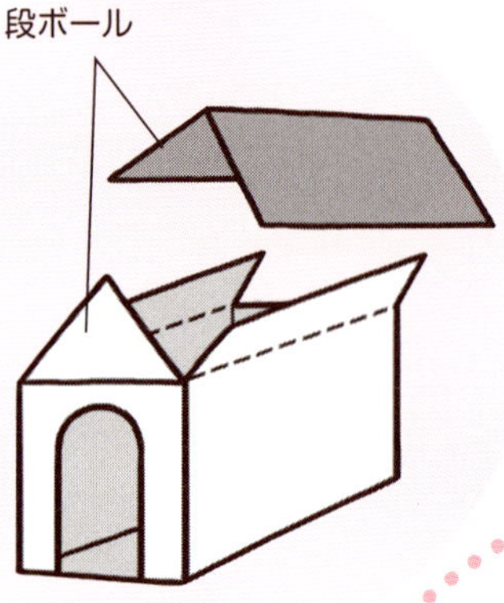

棒つきキャンディー
- カラーポリ袋
- ねじり合わせて丸め、棒にはる

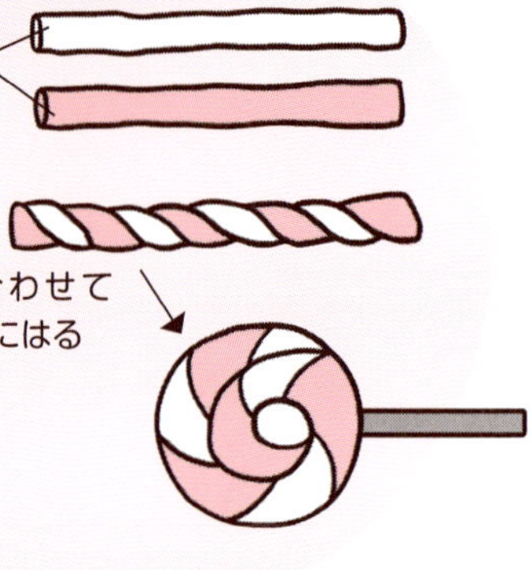

キャンディー
- シール
- ティッシュペーパーをカラーポリ袋で包む
- とめる

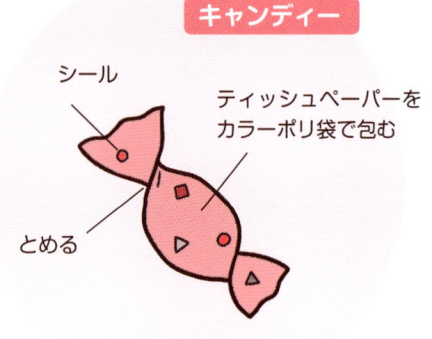

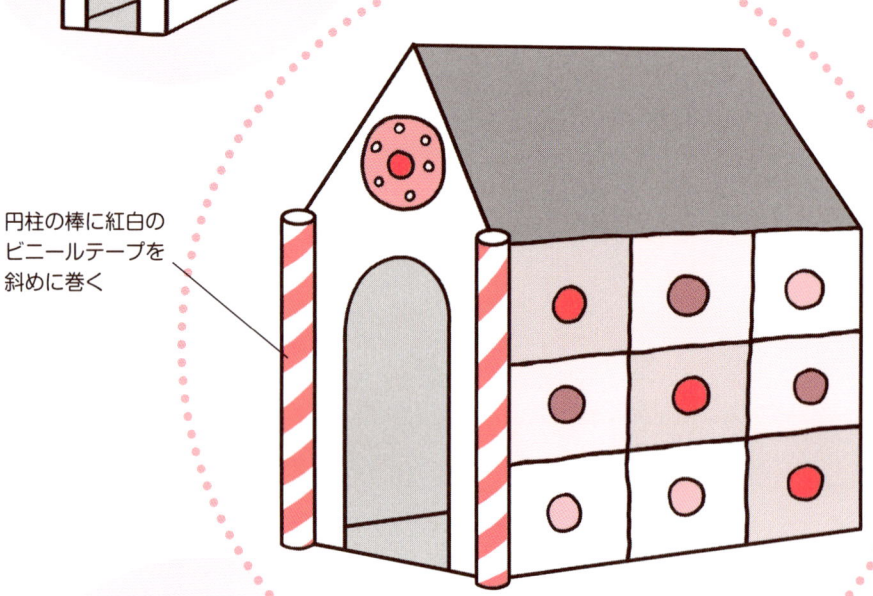

ケーキ
- カラーポリ袋の中にティッシュペーパーを詰める
- 片段ボール
- 手芸用ボンボン

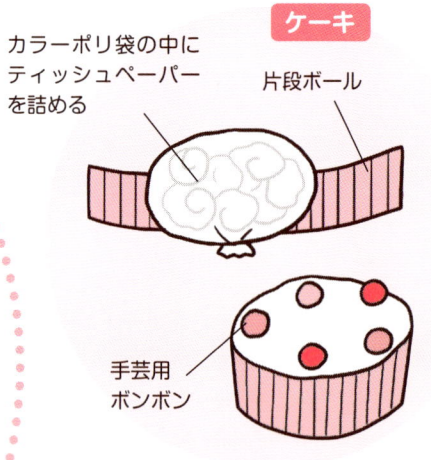

ドーナツ
- エアーパッキングを筒状にしてカラーポリ袋で包み、輪にする

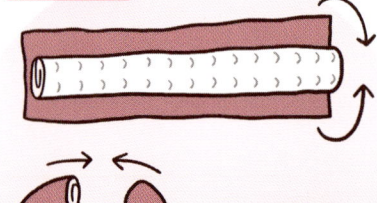

ショートケーキ
- 紙皿をカラーポリ袋で包む
- 手芸用ボンボン
- シール

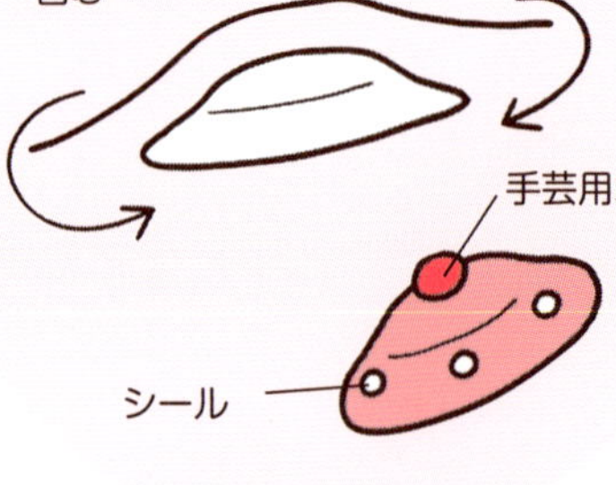

クッキー
- カラーポリ袋を同じ大きさにたたみ、エアーパッキングで包む

円柱の棒に紅白のビニールテープを斜めに巻く

● 両面テープではって、とりはずして遊んでみてね！

魔女の店

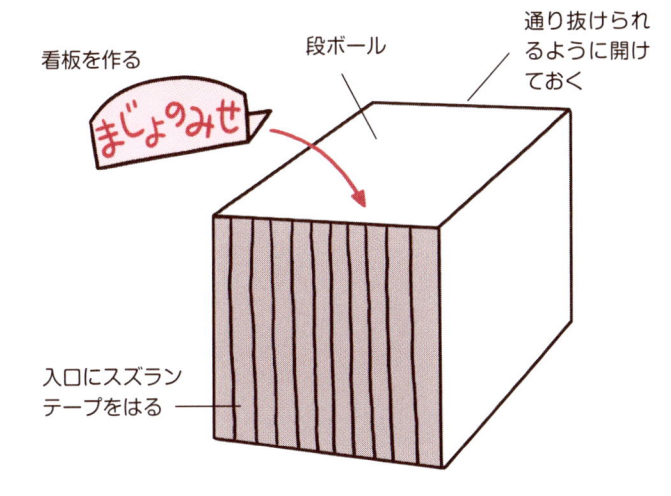

- 看板を作る
- 段ボール
- 通り抜けられるように開けておく
- まじょのみせ
- 入口にスズランテープをはる

妖精のほら穴

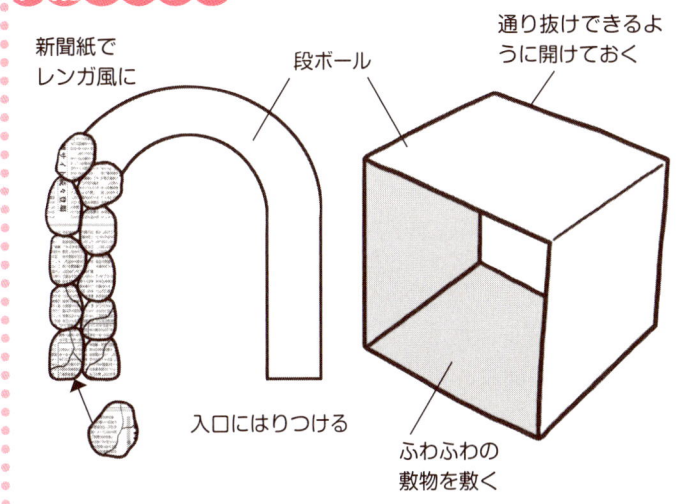

- 新聞紙でレンガ風に
- 段ボール
- 通り抜けできるように開けておく
- 入口にはりつける
- ふわふわの敷物を敷く

丸太

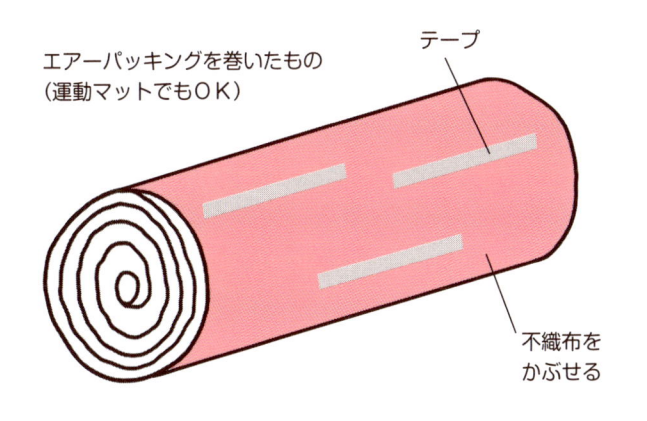

- エアーパッキングを巻いたもの（運動マットでもOK）
- テープ
- 不織布をかぶせる

怪獣

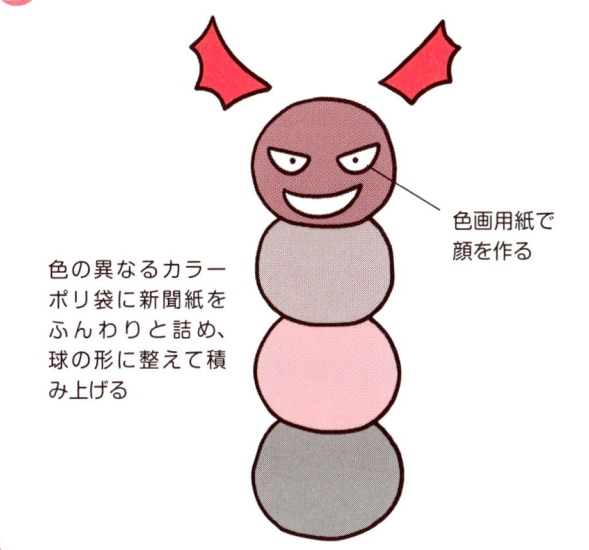

- 色画用紙で顔を作る
- 色の異なるカラーポリ袋に新聞紙をふんわりと詰め、球の形に整えて積み上げる

木

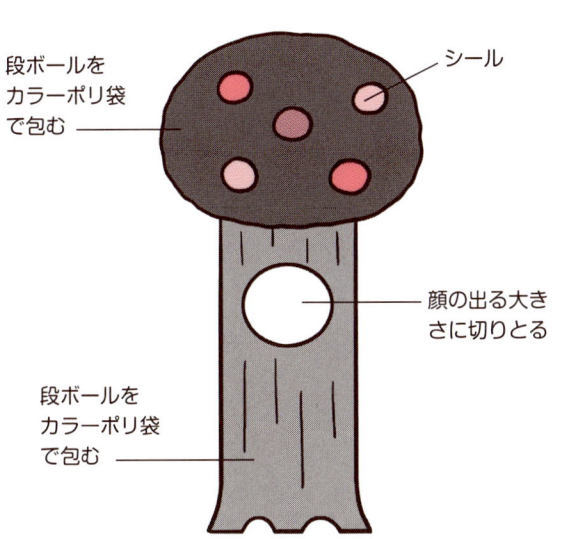

- 段ボールをカラーポリ袋で包む
- シール
- 顔の出る大きさに切りとる
- 段ボールをカラーポリ袋で包む

川

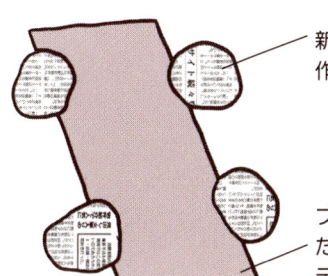

- 新聞紙で岩を作り配置する
- ブルーシートを折りたたむ（滑らないようにテープなどで固定する）

●ブルーシートの代わりにスズランテープでもいいわね！

67

ジャングルアイテム p.36～39

帽子

基本

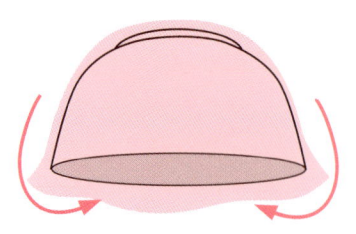

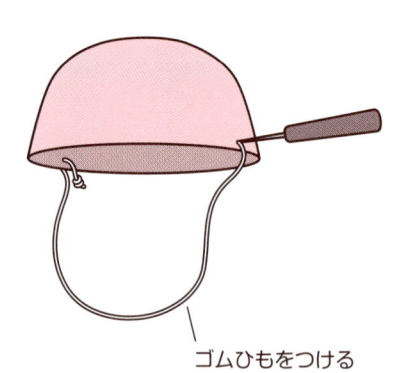

カップ麺の容器の外側をカラーポリ袋で包み、内側に入れ込みテープでとめる

ゴムひもをつける

ぞう

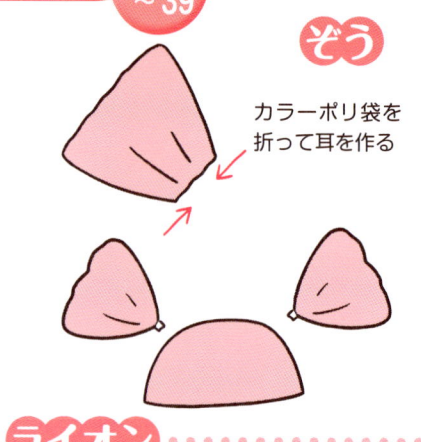

カラーポリ袋を折って耳を作る

ライオン

スズランテープ

色画用紙

ここをしばってから、ひっくり返す

ぞうの鼻

エアーパッキングを折りたたんで、カラーポリ袋でくるむ

ゴムひも

首から下げる

服

上からかぶるタイプ

うさぎ

後ろ

カラーポリ袋の玉を作ってしっぽにする

とり

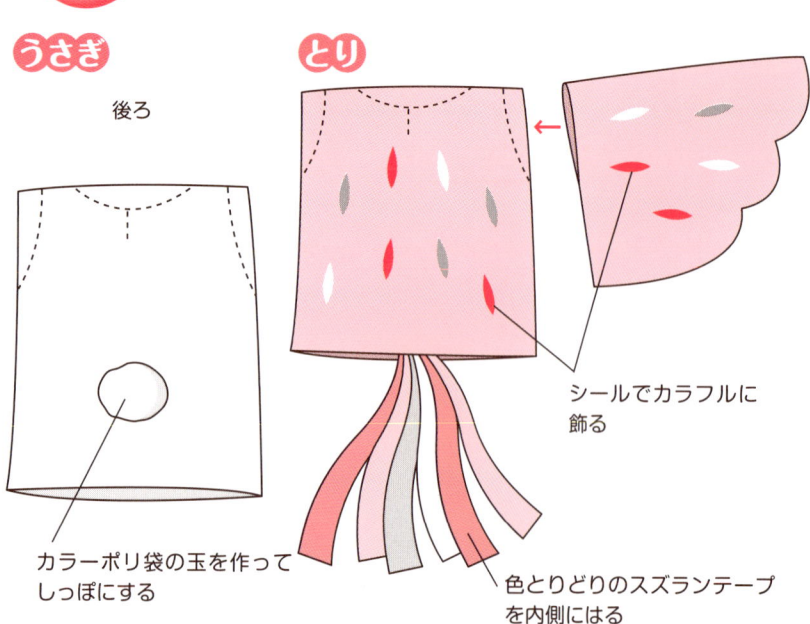

シールでカラフルに飾る

色とりどりのスズランテープを内側にはる

はいて着るタイプ

とら うし ライオン
ひょう ぞう さる

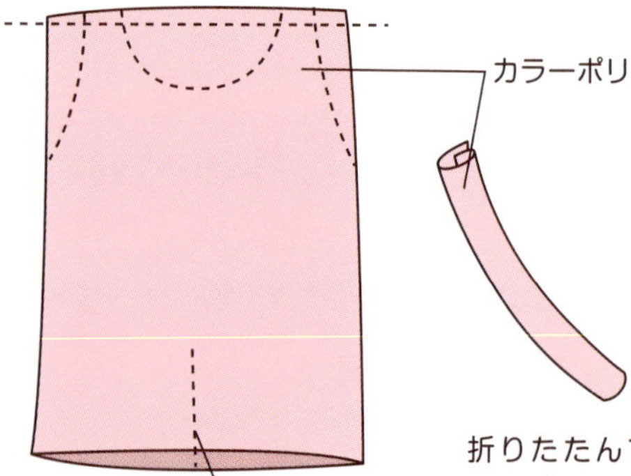

肩は着てからセロハンテープでとめる

カラーポリ袋

折りたたんでしっぽを作る

各模様を入れる

切って前と後ろをテープでとめる

昆虫アイテム p.40〜43

帽子

はち あり ばった

モールで触角を作り、カップ麺の容器に突き刺して、裏からテープでとめる

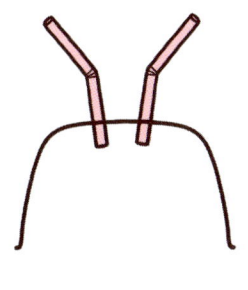

ストローも同様に突き刺して裏でとめる

くわがたむし

色画用紙

かぶとむし

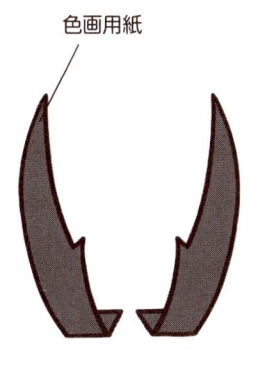

厚紙を形に切りとり、ビニールテープを巻く

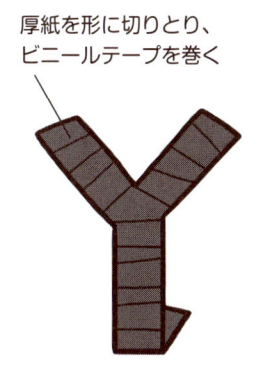

しっかりさせたいときには、厚紙を同様に切り、裏から補強する

服

はちの体と羽

カラーポリ袋を中央で絞ってとめ羽の形にする

テープではる

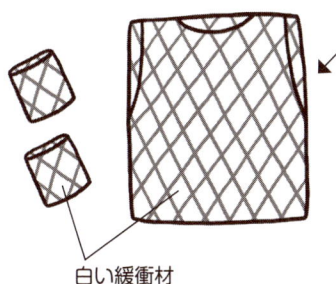

白い緩衝材

はち、ありのおしり

カラーポリ袋にエアーパッキングを詰める

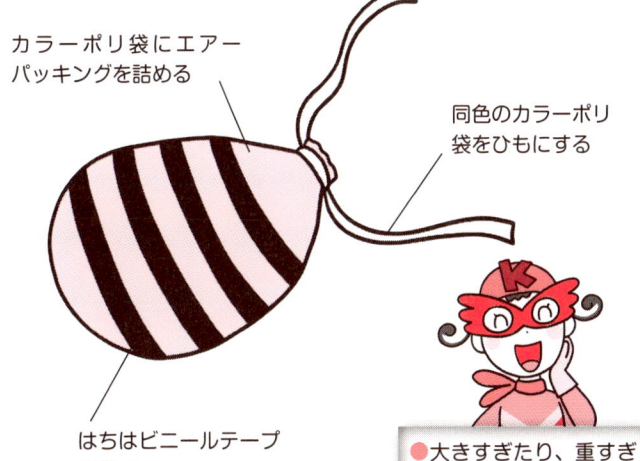

同色のカラーポリ袋をひもにする

はちはビニールテープを巻く

● 大きすぎたり、重すぎたりしないようにね

ちょうちょうの羽

カラーポリ袋

色画用紙

カラーポリ袋の中にエアーパッキングを詰め、形を整える

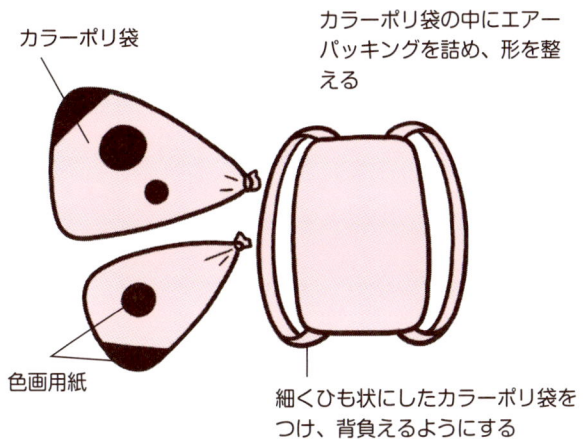

細くひも状にしたカラーポリ袋をつけ、背負えるようにする

かぶとむし くわがたむし ばった

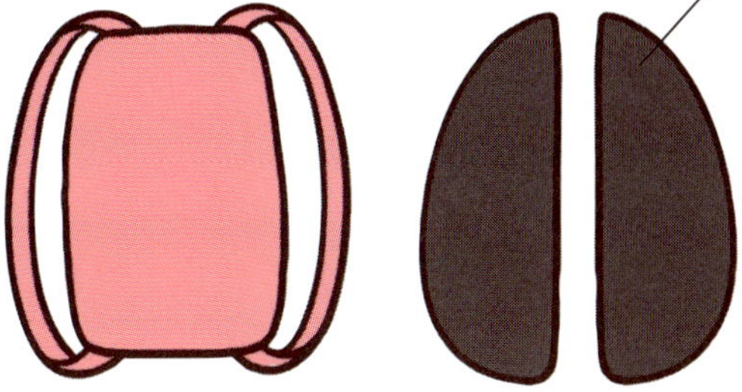

左の要領で背負うベースを作る

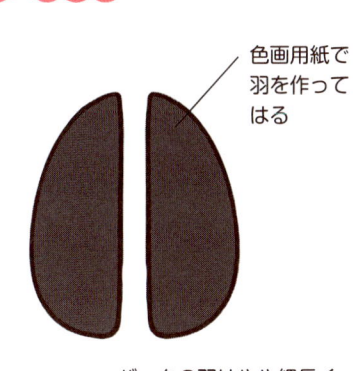

色画用紙で羽を作ってはる

バッタの羽はやや細長く

69

ジャングルセットで遊ぼう！ p.44〜45

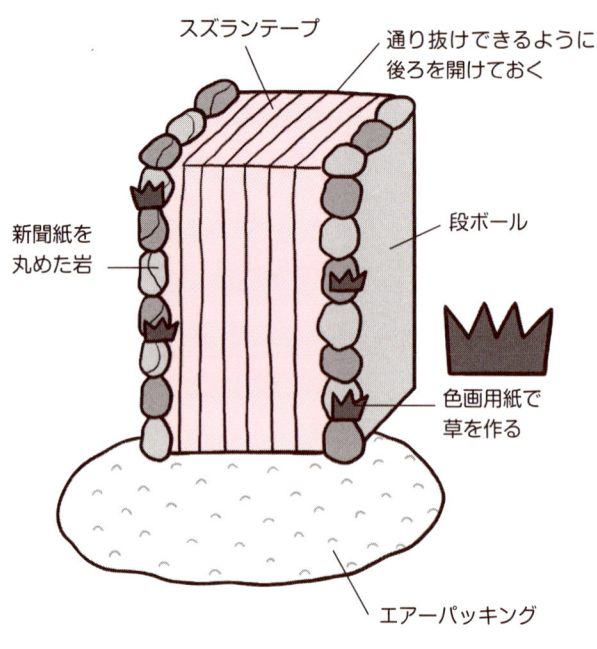

滝

- スズランテープ
- 通り抜けできるように後ろを開けておく
- 新聞紙を丸めた岩
- 段ボール
- 色画用紙で草を作る
- エアーパッキング

草むら

- 段ボールに緑のラシャ紙をはる
- 顔や手を出せるようにくり抜く
- 裏は倒れないようにイスなどで固定する
- 色画用紙

木

巻いた運動マットをしっかりとひもでしばって、ほどけないようにしてから立てる

- 周囲をラシャ紙で巻く
- テープ
- 色画用紙
- モール
- テープでとめる

鳥の巣

洗面器を布で包む

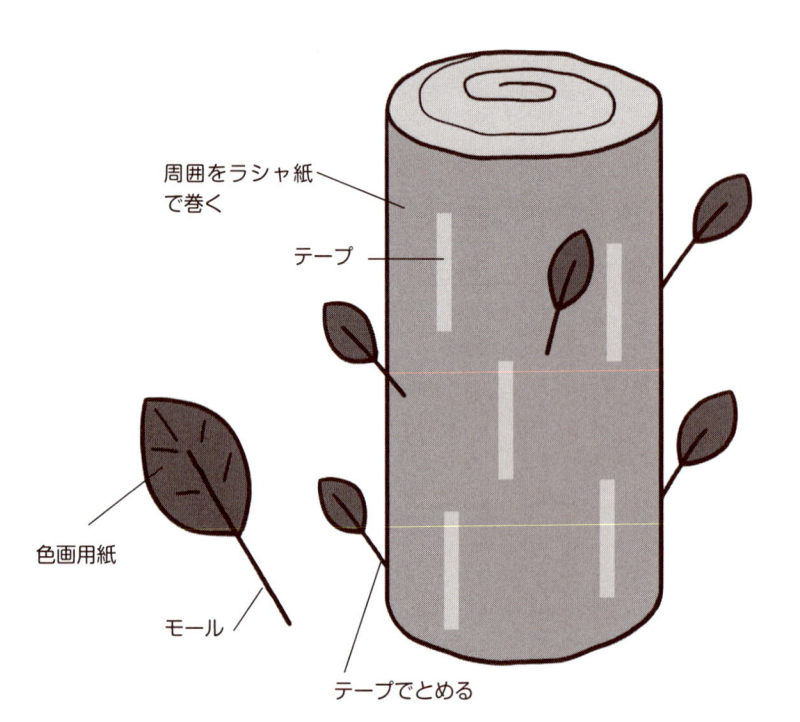

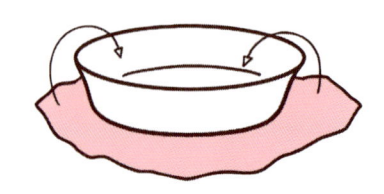

エアーパッキングをカラーポリ袋で包み、球状の卵を作る

● 黄色の卵を探そう、などの遊びができそうね

巨大な花

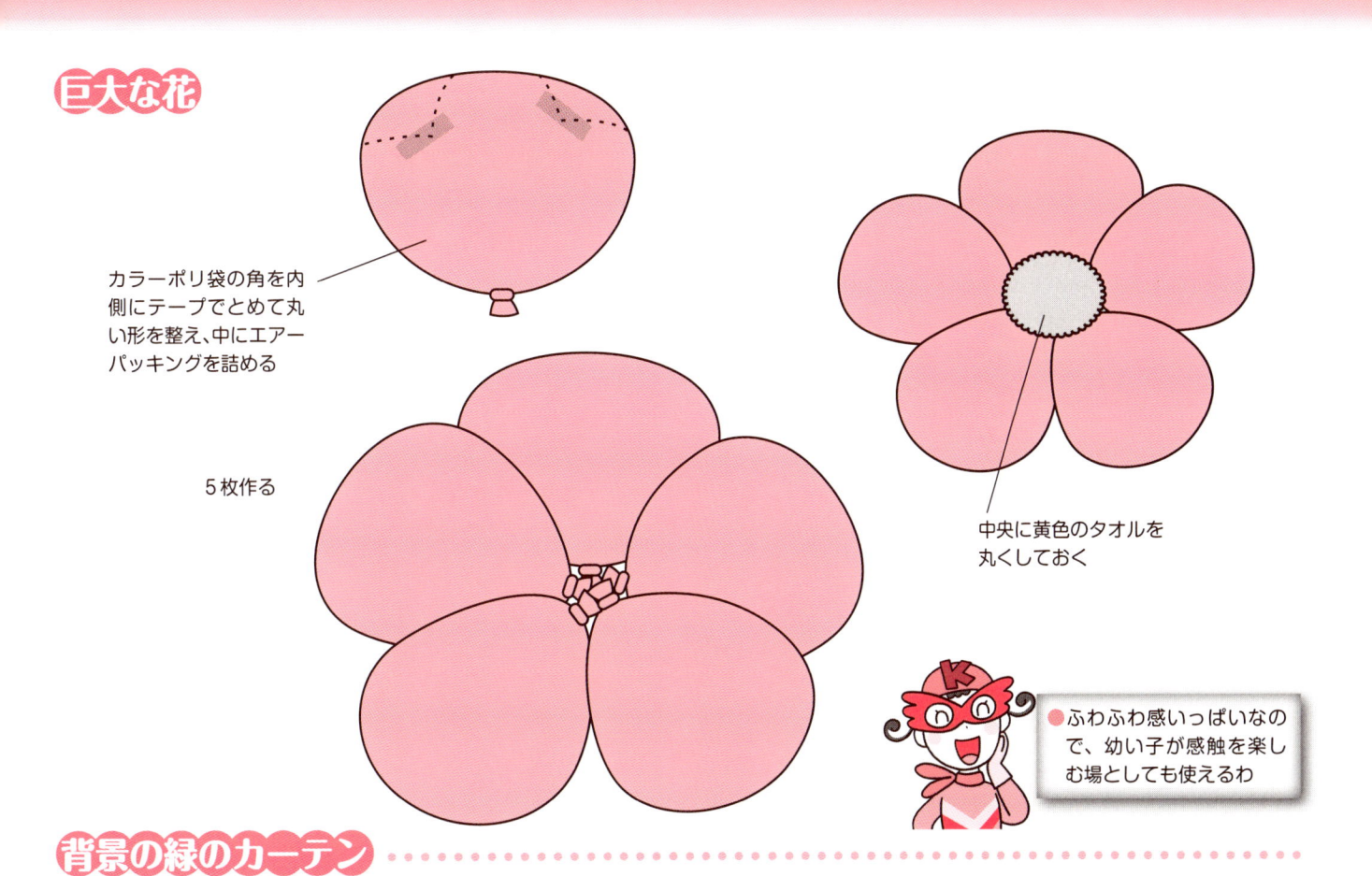

カラーポリ袋の角を内側にテープでとめて丸い形を整え、中にエアーパッキングを詰める

5枚作る

中央に黄色のタオルを丸くしておく

● ふわふわ感いっぱいなので、幼い子が感触を楽しむ場としても使えるわ

背景の緑のカーテン

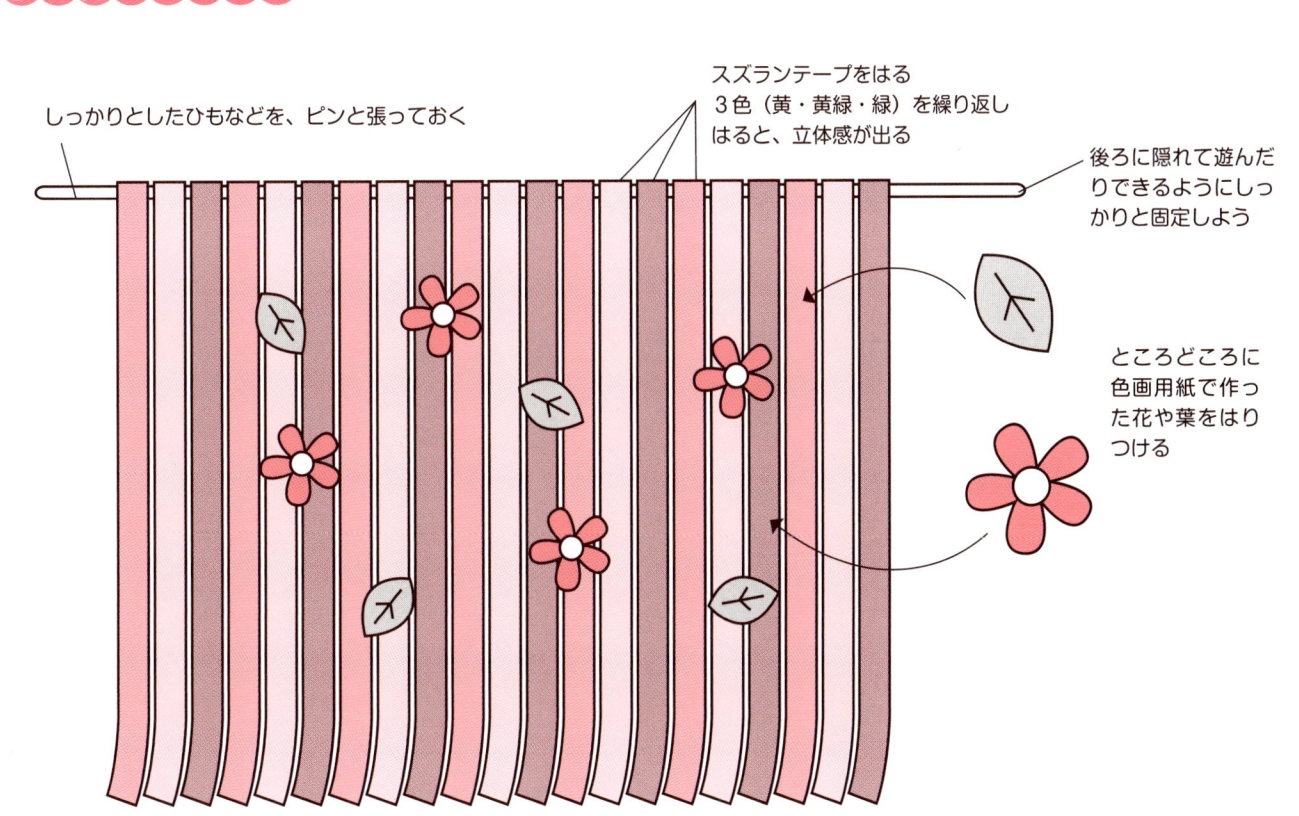

しっかりとしたひもなどを、ピンと張っておく

スズランテープをはる
3色（黄・黄緑・緑）を繰り返しはると、立体感が出る

後ろに隠れて遊んだりできるようにしっかりと固定しよう

ところどころに色画用紙で作った花や葉をはりつける

著者紹介

製作物アイデア・構成 山本和子

東洋英和女学院短期大学保育科卒業。童話作家。書籍、月刊誌、紙芝居等で活躍するとともに、製作物アイデアも手がける。著書に『おばけのなつやすみ』（ＰＨＰ研究所）、『おばけ大集合』『忍者大集合』『ごっこ遊び大集合』（以上、チャイルド本社）、訳に『ちきゅうのためにできる10のこと』（チャイルド本社）、『ミャオ！おおきなはこをどうするの？』（ひさかたチャイルド）などがある。

製作・イラスト あさいかなえ

武蔵野美術大学視覚伝達デザイン学科卒業。株式会社サンエックスのキャラクターデザイナーを経てフリー。粘土で作る立体イラストと平面イラストの両分野で活躍中。著書に『おばけ大集合』『忍者大集合』『ごっこ遊び大集合』（以上、チャイルド本社）がある。
http://www.jade.dti.ne.jp/~asai/

- ●製作物アイデア・構成／山本和子
- ●製作・イラスト／あさいかなえ
- ●ブックデザイン／小林峰子
- ●撮影／竹中博信（スタジオエッグ）
- ●モデル／井上華月、井上琳水、大西翼、賀川僚介、権田武蔵、
　　　　　塩谷小夏、比留間結衣（ジョビィキッズ）、伊波友、白石蒔
- ●撮影協力／仲町幼稚園
- ●本文校正／文字工房燦光
- ●編集協力／大久保徳久子
- ●編集担当／石山哲郎、西岡育子

ヒーロー＆ヒロイン大集合 ワンアイテムで変身！

2011年7月　初版第1刷発行

著者／山本和子、あさいかなえ
　　　©Kazuko Yamamoto , Kanae Asai 2011
発行人／浅香俊二
発行所／株式会社チャイルド本社
〒112-8512 東京都文京区小石川 5-24-21
電話／03-3813-2141（営業）03-3813-9445（編集）
振替／00100-4-38410
印刷所／共同印刷株式会社
製本所／一色製本株式会社
ISBN978-4-8054-0187-3
NDC376　25.7 × 21.0　72P

乱丁・落丁はお取り替えいたします。
本書の内容の一部あるいは全部を無断で複写複製することは、法律で認められた場合を除き、著作権者及び出版社の権利の侵害となりますので、その場合は予め小社あて許諾を求めてください。

チャイルド本社ホームページアドレス　http://www.childbook.co.jp/
チャイルドブックや保育図書の情報が盛りだくさん。どうぞご利用ください。

ヒーロー＆ヒロイン　決めポーズ

宇宙パトロール隊
シャキーン　シャキーン

地球レンジャー
シュワー！

プリンセス
くるっと回って　おじぎ

はち
ブ〜ン　ブ〜ン
おしりをゆらして…